자투리 채소 레시피

국립중앙도서관 출판예정도서목록(CIP)

(냉장고의 골칫거리가 식탁의 주인공으로) 자투리 채소 레시피
주부의 벗사 엮음 ; 배성인 옮김.
-- 서울 : 안테나 : 마티, 2015
156p. ; 180x256mm

원표제: 野菜のおいしい使いきり: 簡単ベジストックで夕飯も安心！

원저자명: 主婦の友社
원서의 총서표제: 実用No.1

색인수록
권말부록 수록
일본어 원작을 한국어로 번역

ISBN 979-11-86000-20-5 13590 : ₩13000

레시피[recipe]

594.5-KDC6
641.5-DDC23   CIP2015024604

냉장고의 골칫거리가 식탁의 주인공으로

자투리 채소 레시피

CONTENTS

채소 보관법·8
채소를 버리게 되는 3가지 이유·12
양배추 반쪽을 남김없이 사용하는 법·14
자투리 채소로 삼시세끼 맛있는 요리를·16
이 책의 사용법·18

| column | 자투리 채소 활용에 도움을 주는 기본 도구·20

Chapter 1　채소를 섞어 남김없이 사용하기

7가지 채소믹스

양배추 & 당근 믹스·22
배추 & 파프리카 믹스·23
무 & 만가닥버섯 믹스·23
셀러리 & 양파 믹스·24
순무 & 브로콜리 믹스·24
연근 & 우엉 믹스·25
소송채 & 표고버섯 믹스·25

양배추 & 당근 믹스
양배추 & 당근 믹스와 새우의 레몬 마요네즈 무침·26
양배추 & 당근 믹스의 오코노미야키식 볶음·27

배추 & 파프리카 믹스
배추 & 파프리카 믹스로 만든 한국식 샐러드·28
배추 & 파프리카 믹스의 중국식 덮밥·29

무 & 만가닥버섯 믹스
연어와 무 유자 무침·30
무 & 만가닥버섯 믹스 미소 조림·31

셀러리 & 양파 믹스
닭고기 향채소 마리네·32
셀러리 & 양파 믹스의 가다랑어포 무침·33

순무 & 브로콜리 믹스
순무와 브로콜리를 넣은 톳 샐러드·34
임연수와 채소 치즈 찜·35

연근 & 우엉 믹스
연근과 우엉 칩을 얹은 일본식 샐러드·36
연근과 우엉 마늘 볶음·37

소송채 & 표고버섯 믹스
소송채 & 표고버섯 마요네즈 우스터소스 볶음·38
소송채와 닭안심 올리브오일 간장 파스타·39

3가지 양념 채소믹스

우엉 & 당근 믹스·40
단호박 & 양파 믹스·41
양배추 & 대파 믹스·41

우엉 & 당근 믹스
우엉과 당근으로 만든 호두 긴피라·42
우엉과 당근으로 만든 다쓰타 튀김·43

단호박 & 양파 믹스
단호박과 다진 고기를 넣은 사브지·44
단호박을 넣은 카레맛 크림 그라탱·45

양배추 & 대파 믹스
양배추와 대파를 넣은 김치 수프·46
소금과 생강으로 맛을 낸 대구 양배추 찜·47

| column | 간단한 절임 & 피클 만들기·48

Chapter 2 빨리 시드는 채소

'반찬거리'로 만들어 저장하자

양상추 오일 무침/양상추 소금 절임·50
숙주나물 멘쓰유 절임/숙주나물 미소 무침·51
소송채 오일 코팅/소송채 데치기·52
오이 소금 생강 무침·52
그린 아스파라거스 익히기·53
부추 간장 절임·53
셀러리 소금 레몬 무침·53

양상추
미트소스를 끼얹은 구운 양상추·54
양상추와 베이컨으로 만든 초간단 샐러드·55
따끈따끈한 잔멸치 드레싱을 끼얹은 양상추 샐러드·55
양상추 오일 무침 응용 레시피
양상추와 게맛살 우스터소스 볶음·56
양상추와 김 샐러드·56
양상추 소금 절임 응용 레시피
양상추 무침·57
양상추 샐러드 김밥·57

숙주나물
칠리소스를 끼얹은 숙주나물 달걀 요리·58
숙주나물 튀김·59
숙주나물 멘쓰유 절임 응용 레시피
튀긴 두부와 숙주나물 양카케·60
숙주나물과 완두새싹 무침·60
숙주나물 미소 무침 응용 레시피
숙주나물과 연어를 넣은 미소 버터 밥·61
숙주나물 중국식 무침·61

소송채
소송채와 옥수수 마늘 버터 볶음·62
닭고기 소송채 두유 크림 찜·63
소송채 오일 코팅 응용 레시피
소송채 즉석 수프·64
소송채와 명란젓 전자레인지 볶음·64
데친 소송채 응용 레시피
소송채 베이컨 말이·65
소송채 낫토 무침·65

오이
돼지고기 샤브샤브와 두드린 오이 샐러드·66
강판에 간 오이와 참치를 끼얹은 우동·67
오이 소금 생강 무침 응용 레시피
미역과 오이 생강 초무침·68
초간단 마제스시·69

그린 아스파라거스
오징어와 아스파라거스 소금 볶음·70
구운 아스파라거스와 어묵 절임·71
익힌 아스파라거스 응용 레시피
아스파라거스 코코트 키슈·72
아스파라거스와 베이컨 타르틴느·73

부추
부추 달걀부침·74
부추를 얹은 돼지고기 두부찜·75
부추 간장 절임 응용 레시피
부추 간장을 끼얹은 닭찜·76
돼지고기 부추 볶음밥·77

셀러리
소금으로 간 한 셀러리 볶음 국수·78
셀러리와 가리비를 넣은 마요네즈 폰즈 샐러드·79
셀러리 소금 레몬 무침 응용 레시피
모시조개와 셀러리를 넣은 에스닉 수프·80
셀러리와 연어를 넣은 베이글 샌드위치·81

| column | 자투리 채소로 도시락 반찬 만들기·82

Chapter 3 사 두고 깜빡 잊어버리기 쉬운 채소

'반찬거리'로 만들어 저장하자

토마토 프레시 살사 · 84
가지 전자레인지 찜 · 85
브로콜리 데치기 · 85
단호박 카레 매시 · 86
양배추 허니 코울슬로 · 86
배추 소금 절임 · 86
무 레몬 초절임 · 87
볶은 파프리카 마리네 · 87
버섯 믹스 간장 조림 · 87

토마토
일본식 카프레제 · 88
토마토 생강 절임 · 89
토마토 프레시 살사 응용 레시피
토마토소스를 끼얹은 임연수 소테 · 90
아보카도와 살사소스로 버무린 냉파스타 · 91

가지
가지 데리야키 덮밥 · 92
가지 미소 조림 · 93
가지 전자레인지 찜 응용 레시피
가지나물 · 94
가지를 넣은 터키식 요구르트 딥 · 95

브로콜리
브로콜리를 넣은 그린소스 펜네 · 96
브로콜리와 대구 중국식 찜 · 97
데친 브로콜리 응용 레시피
브로콜리 새우 샐러드 · 98
브로콜리 참깨 미소 무침 · 99

단호박
단호박 전자레인지 찜 · 100
단호박 치즈 그릴 · 101
단호박 카레 매시 응용 레시피
단호박과 건포도를 넣은 카레맛 마요네즈 샐러드 · 102
단호박 포타주 · 103

양배추
참깨 미소 쌈장 · 104
삶은 양배추와 가다랑어 샐러드 · 105
양배추 허니 코울슬로 응용 레시피
양배추와 소시지 사우어크라우트 · 106
양배추 핫 샌드위치 · 107

배추
소고기와 배추 스키야키 조림 · 108
치즈를 뿌린 배추 시저 샐러드 · 109
절인 배추 응용 레시피
배추와 짜사이 무침 · 110
우메보시를 곁들인 배추 우동 · 111

무
마늘과 소금으로 맛을 낸 방어 무 조림 · 112
무 스테이크 · 113
무 레몬 초절임 응용 레시피
베트남식 바게트 샌드위치 · 114
생햄과 무 마리네 · 115

파프리카
파프리카 타파스 · 116
파프리카와 소시지 소스 볶음 · 117
볶은 파프리카 마리네 응용 레시피
파프리카 미니 피자 · 118
문어와 파프리카 세비체 · 119

버섯
버섯과 가리비 포일 구이 · 120
버섯과 베이컨 치즈 볶음 · 121
버섯 믹스 간장 조림 응용 레시피
버섯소스를 끼얹은 두부 스테이크 · 122
버섯 간장 조림에 찍어 먹는 소바 · 123

| column | 반건조 채소 & 채소 육수 · 124

Chapter 4 사 두고 방치하기 쉬운 채소

'반찬거리'로 만들어 저장하자
감자 전자레인지 찜·126
당근 머스터드&비니거 무침·126
양파 드레싱 절임·127
고구마 전자레인지 찜·127
우엉채 볶음·127

감자
카페식 구운 감자·128
감자와 꼬투리콩 카레맛 볶음·129
감자 전자레인지 찜 응용 레시피
아이올리 포테이토·130
에그베네딕트식 감자 요리·131

당근
당근과 삼겹살로 만든 한국식 볶음·132
당근 포토피·133
당근 머스터드&비니거 무침 응용 레시피
당근 라페 샌드위치·134
지중해풍 마리네·135

양파
어니언링·136
통 양파 전자레인지 찜·137
양파 드레싱 절임 응용 레시피
연어 마리네·138
양파소스를 곁들인 돼지고기 소테·139

고구마
고구마 마멀레이드 찜·140
볶은 고구마 맛탕·141
고구마 전자레인지 찜 응용 레시피
고구마 요구르트 샐러드·142
고구마 치즈 전·143

우엉
우엉 돼지고기 미소 볶음·144
데친 우엉을 넣은 델리 샐러드·145
우엉채 볶음 응용 레시피
고소한 우엉 샐러드·146
미소와 버터로 맛을 낸 우엉 라면·147

옮긴이의 글·148
재료별 찾아보기·150
부록·153

이 책에 실린 레시피를 보는 방법
- 재료는 2인분이 기본이지만 만들기 쉬운 분량으로 요리한 메뉴도 있습니다.
- 채소류는 별도의 표기가 없는 한, 껍질을 벗기고 밑동을 잘라내 꼭지와 씨를 제거하는 손질을 마친 후의 과정을 설명했습니다.
- 조리시간은 재료 준비에서 조리를 마칠 때까지 걸린 시간입니다. 단, 건조식품을 물에 불리거나, 식히거나, 절이거나, 밥 짓는 시간은 포함되지 않은 경우도 있습니다.
- 맛국물은 다시마나 가다랑어포로 우려냈습니다. 시판하는 분말이나 고형으로 된 국물 내기 재료를 사용하는 경우에는 제품에 표기된 분량대로 사용하여 간을 보고 가감하면 됩니다.
- 조미료는 특별히 지정했을 때 이외에는 간장은 진간장, 밀가루는 박력분, 설탕은 백설탕을 사용했습니다.
- 꿀을 사용한 요리는 1세 미만의 어린이에게 먹이지 않도록 주의하십시오.

조리기구와 계량
- 계량 단위는 1작은술=5㎖, 1큰술=15㎖, 1컵=200㎖입니다.
- 프라이팬은 불소수지 가공된 제품을 사용합니다.
- 전자레인지 가열시간은 600W 기준입니다. 500W인 경우는 시간을 1.2배로 늘리면 됩니다. 오븐 토스터의 가열시간은 1,000W 기준입니다. 기계에 따라 가열시간이 다소 차이가 나므로 상황에 따라 시간을 조절해 주세요.

채소 보관법

양상추

보관기간
1주일

밑동 주위에 엄지손가락을 넣고 원을 그리듯 돌아가며 찌른 뒤 심을 뽑아낸다. 심을 뽑아내고 난 **구멍은, 물에 적셔 꼭 짠 키친타월로 막는다.** 랩으로 전체를 감싸 냉장고 채소칸에 보관한다.

▶ 레시피는 54~57쪽

숙주나물

보관기간
2~3일

밀폐용기에 넣고 **잠길 정도로 물을 부은 뒤,** 뚜껑을 닫아 냉장고 채소칸에 보관하면 아삭한 식감을 유지할 수 있다. 이때 물은 매일 갈아주어야 한다. 시간이 흐를수록 영양가는 떨어지므로 빠른 시일 내에 조리한다.

▶ 레시피는 58~61쪽

소송채

보관기간
3~4일

마르지 않도록 **물에 적셔 꼭 짠 키친타월로 전체를 감싼다.** 지퍼백에 넣어 공기를 빼고 지퍼를 닫는다. 가능하면 냉장고 채소칸에 세워서 보관한다.

▶ 레시피는 62~65쪽

오이

보관기간
4~5일

한 개씩 랩으로 싸서 저온과 건조를 막는 것이 포인트이다. 헐겁게 감싸면 비닐 안쪽에 물방울이 생기는데 수분이 오이가 상하는 원인이 되므로 주의한다. 가능하면 세워서 냉장고 채소칸에 보관한다.

▶ 레시피는 66~69쪽

그린 아스파라거스

보관기간
3~4일

랩으로 싸서 냉장고 채소칸에 세워서 보관한다. 옆으로 뉘어서 보관하면 위로 자라려는 성질 때문에 영양 손실이 생기고 휘어지므로 주의한다.

▶ 레시피는 70~73쪽

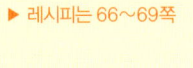

채소를 사면 빠른 시일 내에 조리하거나 저장채소로 만드는 것이 이상적이지만, 어쩔 수 없이 얼마 동안 두어야 할 때가 있다. 그럴 때는 할 수 있는 한 신선하게 보존해둔다. 이 책에서 올바른 채소 보관법을 소개한다.

부추

보관기간
3~4일

잎이 접히면 그곳부터 상하므로 랩으로 <mark>전체를 그대로 감싸</mark> 접지 않게 하면서 건조도 막는다. 잎이 물러진 부분이 있으면 잘라내고 사용한다.

▶ 레시피는 74~77쪽

셀러리

보관기간
1주일

잎으로 영양이 빠져나가므로 잎을 <mark>먼저 잘라내는 것이</mark> 신선하게 보관하는 요령이다. 잎은 물을 1cm 정도 담은 밀폐용기에 넣고, 나머지는 랩으로 싸서 냉장고 채소칸에 세워서 보관한다.

▶ 레시피는 78~81쪽

토마토

보관기간
1주일

저온과 건조에 약하므로 <mark>하나씩 랩으로</mark> 싸서 냉장고 채소칸에 보관한다. 토마토에서는 에틸렌가스가 나와 다른 채소도 시들게 하므로 하나씩 랩으로 싸야 한다. <mark>꼭지를 아래로 두고 눌리지 않도록</mark> 하여 냉장고 채소칸에 보관한다.

▶ 레시피는 88~91쪽

가지

보관기간
1주일

저온과 건조에 약하므로 <mark>하나씩 랩으로</mark> 싸서 냉장고 채소칸에 보관한다. 자르기 전에는 비교적 오래 보관할 수 있는 채소지만, 자르고 나면 금방 상하므로 손질을 해두는 편이 좋다.

▶ 레시피는 92~95쪽

브로콜리

보관기간
4~5일

<mark>지퍼백에 넣어 공기를 빼고 지퍼를 닫는다.</mark> 송이 부분이 눌리지 않도록 냉장고 채소칸에 넣어 보관한다. 생으로 보관하기보다는 데치는 등 손질을 해서 보관하면 오래간다.

▶ 레시피는 96~99쪽

단호박

보관기간
4~5일

잘라놓은 조각을 구입하는 경우가 많은 채소이다. 씨가 있는 속부터 상하기 쉬우므로 먼저 숟가락으로 과육을 긁어낸다. 잘린 면이 공기와 접하지 않도록 랩으로 단단히 싸서 냉장고 채소칸에 보관한다.

▶ 레시피는 100~103쪽

양배추

보관기간
4~5일

잘라놓은 조각을 구입하는 경우가 많은 채소이다. 잘린 면을 랩으로 꼼꼼히 싸서 냉장고 채소칸에 보관한다. 보관하는 동안 검게 변한 부분은 잘라내고 사용한다.

▶ 레시피는 104~107쪽

배추

보관기간
4~5일

통째로는 보관하기 쉬운 채소지만, 조각으로 잘라놓을 것을 살 때도 있다. 잘린 면을 랩으로 꼼꼼히 싸서 냉장고 채소칸에 보관한다.

▶ 레시피는 108~111쪽

버섯

보관기간
1주일

구입한 상태로 보관하면 팩 안쪽에 물방울이 생겨 물러지는 원인이 된다. 마른 키친타월에 싼 뒤 지퍼백에 넣어 냉장고 채소칸에 보관한다.

▶ 레시피는 120~123쪽

당근

보관기간
2~3주일

흙이 묻었으면 씻어낸다. 물기가 있으면 물러지므로 깨끗이 닦고, 수분 손실을 막기 위해 랩으로 하나씩 싸서 냉장고 채소칸에 보관한다. 겨울에는 상온에 보관해도 괜찮다.

▶ 레시피는 132~135쪽

우엉

보관기간
1~2주일

키친타월로 감싼 후 랩으로 싸서 냉장고 채소칸에 보관한다. 햇우엉이나 씻은 우엉은 흙우엉에 비해 신선도가 떨어지므로 빨리 사용한다.

▶ 레시피는 144~147쪽

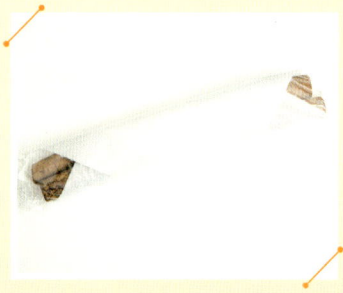

무

보관기간
1주일

무청으로 영양분이 손실되므로 붙어 있을 때는 <mark>먼저 잘라낸다.</mark> 무청은 물을 1cm 정도 담은 밀폐용기에 넣어두고, 무는 랩으로 꼼꼼히 싸서 냉장고 채소칸에 보관한다.

▶ 레시피는 112~115쪽

파프리카

보관기간
1주일

건조와 저온에 약하므로 <mark>하나씩 랩으로 싸서</mark> 냉장고 채소칸에 보관한다. 에틸렌가스가 나와 다른 채소를 시들게 하므로 각각 랩으로 싸는 것이 중요하다.

▶ 레시피는 116~119쪽

감자, 양파, 고구마

보관기간
2~3주일

구입 후 비닐이나 망에서 꺼내, <mark>종이봉투에 옮겨 담는다. 바람이 잘 통하고 볕이 들지 않는 곳</mark>에 보관한다. 여름에는 감자와 양파를 냉장고 채소칸에 넣어두어도 좋다. 종이봉투는 입구를 접어서 완전히 닫지 않도록 한다. 바닥에 둘 때는 난방이 들어오는 곳에 두면 빨리 시들어 버리므로 주의한다. 감자는 싹이 나기 시작하면 영양이 손실되므로 빨리 싹을 도려내야 한다.

▶ 레시피는 감자 128~131쪽, 양파 136~139쪽, 고구마 140~143쪽

채소를 버리게 되는 3가지 이유

 **너무 많이 산다**

Case 1 마트나 인터넷 쇼핑몰에서 1주일 치를 예상해 무심코 많이 산다!

너무 많이 샀다…

 **Advice**

채소를 신선하게 즐길 수 있는 다양한 레시피로 어느 정도 빨리 소비하는 것이 좋다. 남았다면 재빨리 보존이 가능한 '반찬거리'로 만들어 두자!

Case 2 묶음 판매, 할인행사에 마음이 흔들려 레시피를 생각지 않고 사버린다!

 **Advice**

절약하려는 마음은 좋지만 할인하는 채소를 많이 사면 다 쓰지 못할 때가 있다. 단, 저렴할 때 계획적으로 사서 '채소믹스'를 만들어 두면 저녁메뉴 걱정은 끝!

싸다♪

채소 요리법을 모른다

Case 3
채소를 주인공으로 쓰는 레시피를 잘
몰라서 많은 양을 활용하지 못한다!

Case 4
의욕에 넘쳐 다양한 채소를 갖췄지
만……

 Advice

이 책에서 소개하는 '반찬거리'나 '채소
믹스'는 여러 종류의 요리에 응용할 수
있다. 너무 서두르지 말고 일단 '반찬거
리'를 한 가지 만들어 두고 다양하게 응
용해 보는 것부터 시작하자.

 Advice

맛있을 때, 신선할 때 채소를 사용하려면
먼저 적은 품목을 남김없이 활용하자. 이
럴 땐 궁합이 좋은 채소를 알아두면 좋다.
(1장 참고) 남은 채소는 '반찬거리'나 '채소
믹스'로 만들어 두자.

 시들 때까지 그냥 둔다

Case 5
'오래가는 채소니까'라고 방치하다
가 어느새 물러진 채소를 만난다!

Case 6
빨리 시드는 채소를 구분하지 않고
산다.

 Advice

채소를 오래 보관하려면 마냥 냉장고에
넣어두지 말고 각각의 채소에 맞는 보관
법을 알아두자. ('채소 보관법' 참고) 단, 조
리하지 않은 채 두어도 신선도는 점점 떨
어지므로 시들기 전에 '반찬거리'나 '채소
믹스'로 만들어 두자.

 Advice

채소는 빨리 시드는 채소, 며칠은 가는
채소, 오래가는 채소, 세 부류로 나뉜다.
(2~4장 참고) 채소의 보관기간을 알고
언제까지 사용하면 좋은지, 어떤 순서로
사용하면 좋은지 잘 생각하고 장을 보
자!

자투리 채소를 활용하는
능력을 기르려면……

13

예를 들면······

양배추 반쪽을 남김없이 사용하는 법

1장 궁합이 맞는 채소끼리 '채소믹스'를 만들어 눈 깜짝할 사이에 요리 완성!

★ 채소믹스 Point
따로 손질할 필요가 없다! 궁합이 좋은 채소끼리 잘라서 섞으면 끝.
갖가지 양념으로 폭넓게 응용할 수 있다. → 22~25쪽 참고

● **양배추&당근 믹스**
응용!(22쪽)

양배추&당근 믹스와 새우의
레몬 마요네즈 무침(26쪽)

무쳐서

양배추&당근 믹스의
오코노미야키식 볶음(27쪽)

볶아서

**양배추
1/4통 사용**

양념 채소믹스도 편리하다!
1장에서는 양념을 한 채소믹스 보관법을 소
개했다. 밑간을 살려 응용할 수 있어서 조
리가 더 빨라진다!

우엉&당근 믹스(40쪽)

양배추&대파 믹스(41쪽)

자투리 채소를 간단히 손질해 한 번 쓸 만큼 지퍼백에 보관하거나, 기본양념을 이용해 '반찬거리'로 만들어 두면, 채소가 시들 걱정도 조리할 때마다 다시 손질하는 번거로움도 사라진다.

2장 - 4장 오래 저장할 수 있는 '반찬거리'로 만들어 남김없이 사용하자!

★ '반찬거리' 만들기 Point
무치고 절이는 등, 손쉽게 적은 양으로도 할 수 있는 채소별 저장법.
조금만 응용하면 명품 반찬으로 변신! → 50~53, 84~87, 126~127쪽 참고

조물조물하면 끝!
양배추 허니 코울슬로 (86쪽)

멋을 낸 반찬으로!

양배추와 소시지 사우어크라우트(106쪽)

양배추
1/4통 사용

아침&점심 메뉴에도!

양배추 핫 샌드위치(107쪽)

채소를 신선하게 먹는 레시피도
채소의 신선함을 잘 살린 레시피도 많다. 손쉽게 만들 수 있어 채소를 남김없이 사용하는 데에 한몫한다!

메인 반찬에도!
삶은 양배추와 가다랑어 샐러드(105쪽)

곁들이는 메뉴에도!
참깨 미소 쌈장(104쪽)

자투리 채소로 삼시세끼
맛있는 요리를

아침

'반찬거리'로 아침을 편하고 맛있게!

저장해 둔 '반찬거리'를 활용하여 샐러드와 포타주로
바쁜 아침에 채소가 듬뿍 들어간 메뉴를 손쉽게 완성!

브로콜리 데치기(85쪽) ➡ 브로콜리 새우 샐러드(98쪽)로

단호박 카레 매시(86쪽)
➡ 단호박 포타주(103쪽)로

점심

'자투리 채소'는 도시락 반찬으로 활용한다!

도시락 반찬이나 구색 맞추기 반찬에도
자투리 채소가 대활약!

머스터드 피클(48쪽)

고구마 전자레인지 찜(127쪽)
➡ 고구마 치즈 전(143쪽)으로

순무 잎과 잔멸치로 만든 참깨 맛 후리카케(35쪽)

자투리 채소를 활용하는
5가지 습관

❶ 남은 채소끼리 섞어 '채소믹스'로

남은 채소를 섞어 두면 요리에 사
용하기도 쉽고 영양가도 두 배!

**❷ 금방 먹지 않을 분량은 '반찬거
리'로**

금방 먹지 않을 채소는 시들기 전
에 '반찬거리'로 만들어 둔다.

책에 실린 갖가지 채소 레시피로 매일 다양한 메뉴를!

레시피를 조합한 아침 · 점심 · 저녁 식단을 소개한다.
'채소요리, 어렵지 않다!' 매일매일 실천할 수 있는 요리법

아침·점심·저녁
반찬으로
활용 만점

저녁 '채소믹스'로 퇴근 후 바로 완성!

퇴근하고 돌아와 '채소믹스'로 재빠르게 저녁 준비.
간단한 샐러드뿐 아니라 곁들임 메뉴와 국까지 완성. 신선한 채소로 가득한 저녁 상차림!

셀러리 & 양파 믹스(24쪽)
➡ 닭고기 향채소 마리네(32쪽) 로

자투리 채소로
➡ 셀러리 잎과 무청을 넣은 맑은장국(80쪽)

만가닥버섯과 가지 케첩소스 볶음(82쪽)

신선한 양상추로!
양상추와 베이컨으로 만든
초간단 샐러드(55쪽)

---

❸ 신선한 맛을 즐길 수 있는 초간
단 레시피

초간단 레시피를 활용하여 신선
한 채소도 즐기자.

❹ 채소 꽁다리도 버리지 않고 활
용한다

채소 꽁다리도 모두 사용해 채소
절약과 음식물 쓰레기 줄이기를
동시에

❺ 채소에 맞는 보관법을 알아둔다

조금이라도 오래 신선함을 유지하
는 채소별 맞춤 보관법을 알아두
자!

이 책의 사용법

자투리 채소 활용법과 레시피를
한눈에 알 수 있어 따라하기 쉽다!

저장채소 페이지(채소믹스, 반찬거리) 각 장의 앞부분에 채소 저장법이 정리되어 있다.

채소믹스

1 · 양배추 & 당근 믹스

냉장 냉동 가능한 기간을 표시

냉장, 냉동으로 신선함을 유지할 수 있는 대략의 '보관기간'을 한눈에 확인할 수 있게 표시했다.

냉장 3일	냉동 2주일

남기기 쉬운 양배추를 채소 믹스로

볶음이나 조림 등에 두루두루 사용할 수 있는 채소믹스다. 양배추는 볶거나 데치면 부피가 줄어 많이 먹을 수 있다. 양배추와 동시에 익도록 당근은 채 썬다. 당근을 조금 넣으면 요리가 화사해진다.

응용 레시피는 26~27쪽

양배추
1/4통(250g)
한입 크기로

당근
1/5개(30g)
채썰기

• 지퍼백(中) 1개 분량

사용하는 채소와 자르는 법, 조미료까지 눈에 띄게 그림으로!

채소의 사용량이나 자르는 법, 2~4장은 조미료까지 그림으로 알기 쉽게 소개했다. 어떻게 만드는지가 한눈에 들어온다.

반찬거리

보관법이나 채소 사용의 팁 설명

맛있게 보관하는 법, 사용하는 채소에 관한 포인트나 주의점을 실었다.

양상추 (1/2개 사용)

· **오일 무침** ·

양상추
1/2개(200g) → 한입 크기로 뜯는다

참기름 … 2큰술

만드는 법
지퍼백에 양상추를 넣고 참기름을 골고루 부려 대충 섞는다. 장기를 확인서 지퍼를 닫고 냉장고에 보관한다.

• 지퍼백(中) 1개 분량

냉장 3~4일

기름이 잘린 부분의 변색을 막는다

기름이 잘린 면을 코팅하여 산화를 방지한다. 샐러드용으로 뜯어 놓고 다 쓰지 못했을 때 보관하기 편리한 방법이다. 잘린 면에 기름이 빠짐없이 묻을 수 있도록 잘 버무린다. 참기름은 식용유나 올리브오일로 바꿔도 좋다. 볶음은 물론이고 수프나 볶음밥 등에 폭넓게 사용할 수 있다.

응용 레시피는 56쪽

응용 레시피로 점프!

저장채소를 사용한 응용 레시피가 실린 페이지를 표시하였다. 저장채소를 활용하고 싶을 때 편리하다.

레시피 페이지(응용 레시피) '채소믹스'나 '반찬거리'로 만드는 응용 레시피

사용할 '채소믹스'나 '반찬거리'의 사진이 있다

재료가 되는 저장채소의 사진이 실려 있어 한눈에 알 수 있다.

채소의 분량을 그림으로 알 수 있다

'채소믹스'나 '반찬거리'로 만들 채소의 분량이 그림으로 표시되어 있다.

조리시간이나 도시락 반찬용 레시피를 표시

조리하는 데 걸린 시간을 표시했다. 또 도시락 반찬에 알맞은 레시피에는 도시락 아이콘이 표시되어 있다.

'Point!'는 요리를 맛있게 마무리하기 위한 팁

각각의 메뉴를 더 맛있게 만들기 위한 팁.

'Advice'에는 채소를 손질하거나 조리할 때의 포인트가 실려 있다.

저장 채소뿐 아니라
신선한 재료를 활용한
레시피도 가득하다!

자투리 채소 활용에 도움을 주는 기본 도구

활용도가 높고 쓰기 편한 아이템을 갖추자!

보관

★이 책에 실린 채소 보관법은 한 번에 남김없이 사용하는 분량이 기본이므로 작고 얕은 용기가 편리하다.

법랑 용기
금속에 유리가공을 한 용기로 냉동·냉장 보관은 물론이고 불에서 직접 조리할 수 있는 점이 강점이다. 단, 전자레인지에서는 사용할 수 없으므로 주의한다.

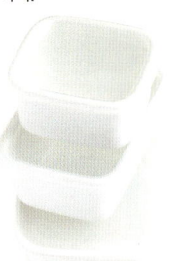

버터통으로도 사용한다
목제 뚜껑이 있는 법랑 용기는 버터통으로도 쓰인다. 뚜껑이 제대로 닫힌다면 보관용기로 사용할 수 있다.

컨테이너 용기
냉동실에서 꺼내 그대로 전자레인지에 돌려도 된다. 가벼운 플라스틱 재질로 모양이나 크기가 다양하다.

유리 용기
용기 안의 내용물이 잘 보여 양념, 드레싱을 비롯하여 피클 같은 절임에 이르기까지 다소 오래 보관하는 용도로 주로 쓰인다. 높이가 5~6cm 정도 되는 작은 병부터 15cm 정도 되는 크기까지 갖추어 두면 편리하다. 사용하고 난 병을 재활용해도 좋다.

지퍼백
냉장·냉동 보관, 전자레인지 조리에도 사용할 수 있다. 두껍고 공기가 통하지 않으므로 국이나 양념이 있는 음식도 보관할 수 있다. 가능한 한 공기를 빼서 보관하면 신선도가 유지된다.
(22쪽 참고)

자르기 & 껍질 벗기기

필러
채소 껍질을 손쉽게 벗기는 데 필요한 제품이다. 당근이나 무 등을 리본 끈 모양으로 얇게 자르는 용도로도 사용한다.

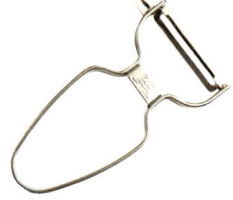

강판
재료를 가는 데 사용한다. 플라스틱이나 세라믹 등 재질도 다양하다. 받침대 일체형 타입은 수분이 많은 재료를 갈 때 편리하다.

미니 도마
마늘이나 생강 등 부피가 작은 재료는 플라스틱 재질의 미니 사이즈 도마에 놓고 자르면, 자른 후 냄비나 용기에 옮기기 편하다. 여러 개 갖추어 두면 편리하다.

정리할 때 편하다!
미니 도마를 위에 겹치면 아래에 있는 큰 도마에 마늘, 생강 등의 냄새가 배거나 색이 묻어나지 않으므로 설거지도 간편하다.

물기 제거

샐러드 스피너(채소 탈수기)
믹싱볼 안쪽에 겹쳐져 있는 채반에 자른 채소를 넣은 뒤, 뚜껑에 달린 버튼이나 손잡이를 움직이면 채반이 회전하면서 원심력에 의해 물기가 제거된다. 샐러드를 만들 때 유용하다.

Chapter 1

채소를 섞어
남김없이 사용하기

사 둔 채소가 조금씩 남았으면 두 종류를 섞어 저장해 봅시다! 이 장에서는 궁합이 좋은 채소끼리 섞는 법을 소개합니다. 익히지 않고, 한 번에 다 사용하는 양이므로 만들기 쉬울 뿐 아니라 사용하기 편리하고, 다양한 레시피에 활용할 수 있습니다. 냉장고에 넣어 두면 저녁 준비에 든든한 지원군!

자투리 채소끼리 섞은 저장채소로 저녁 준비를 수월하게!

7가지 채소믹스

채소가 남았으면 잘라서, 서로 어울리는 채소끼리 섞어 두면 편리하다. 저녁 준비도 한결 수월하고, 남은 채소도 깨끗이 정리된다.

· 채소믹스, 이렇게 편리하다 ·

익히지 않고 저장

채소를 자르기만 하면 된다. 익히지 않으니 손쉽게 보관할 수 있다.

요리에 따라 양념은 자유자재

간을 하지 않고 보관하니 요리에 맞춰 양념할 수 있다. 다양한 레시피에 활용할 수 있다!

다양한 요리에 폭넓게 사용

궁합이 좋은 채소를 골라서 섞었으므로 다양한 레시피에 잘 맞는다.

한 번에 다 쓰는 분량으로 만들어 남김없이

각각의 믹스는 한 번에 전부 사용하는 분량이다. 남아서 버리는 일은 없다!

공기를 빼고 지퍼를 닫아서 보관하면 오랫동안 신선하다.

• 지퍼백에 넣어 냉장고에 보관

1 ··· 양배추 & 당근 믹스

냉장	냉동
3일	2주일

남기기 쉬운 양배추를 채소 믹스로

볶음이나 조림 등에 두루두루 사용할 수 있는 채소믹스다. 양배추는 볶거나 데치면 부피가 줄어 많이 먹을 수 있다. 양배추와 동시에 익도록 당근은 채 썬다. 당근을 조금 넣으면 요리가 화사해진다.

응용 레시피는 26~27쪽

양배추

1/4통(250g)

한입 크기로

당근

1/5개(30g)

채썰기

• 지퍼백 (中) 1개 분량

2··· 배추 & 파프리카 믹스

배추

1/8포기(250g)

잎
한입 크기로

줄기
5mm 정도 폭
으로 채썰기

붉은 파프리카

1/4개(20g)

세로로 잘라 채썰기

| 냉장 **3일** | 냉동 **2주일** |

배추 줄기와 파프리카는 채썰어 잘 익도록

배추 줄기는 결에 따라 채 썬다. 파프리카는 세로로 반을 자른 후 얇게 채 썬다. 가늘고 얇게 잘라야 조리할 때 배추 잎과 동시에 익는다. 중식이나 한식에도 자주 쓰이며 생으로 먹어도 좋다.

• 지퍼백(中) 1개 분량

응용 레시피는 28~29쪽

3··· 무 & 만가닥버섯 믹스

| 냉장 **3일** | 냉동 **2주일** |

무의 맛을 우려내는 조림에 어울리는 채소믹스

조림에 어울리는 믹스다. 무 자르는 모양이 포인트! 표면적을 크게 하고 두께는 5mm로 얇게 자르면 짧은 시간에 조릴 수 있다. 만가닥버섯의 풍미가 무에 배어들어 한층 깊은 맛이 난다.

무

5mm 두께의 반달모양썰기

1/4개(250g)

만가닥버섯

1/2팩

작은 송이로 나눈다

• 지퍼백(小) 1개 분량

응용 레시피는 30~31쪽

4··· 셀러리 & 양파 믹스

냉장	냉동
2일	NO

깔끔한 매운맛을 살리는 요리에 사용

둘 다 향채소이므로 고기 요리에 사용하면 깔끔한 맛을 낼 수 있다. 양파는 얇게 채 썰어 생으로 매운맛을 즐겨도 좋고, 취향에 따라 물에 담가 매운맛을 제거한 뒤 보관해도 좋다. 지퍼백 안에서 향이 더 진해지니 사용하기 전에 채소를 물에 살짝 헹구자.

응용 레시피는
32~33쪽

• 지퍼백 (小) 1개 분량

셀러리

대
1/2대(40g)   잎(10g)

얇게
어슷썰기   1cm 정도 길이로
뜯는다

양파

1/2개(100g)

가로로 얇게
자른다

5··· 순무 & 브로콜리 믹스

냉장	냉동
3일	2주일

버리는 부분도 사용한 알뜰 믹스

순무의 잎, 브로콜리 꽃송이를 섞은 알뜰 믹스. 순무는 잎을 조금 남기고 자르면 귀여운 모양이 된다. 잎이 붙은 부분의 흙을 잘 씻어내고 데친 후, 식기 전에 양념하면 맛이 잘 스며든다.

응용 레시피는
34~35쪽

• 지퍼백 (中) 1개 분량

순무

2개(160g)   잎 2개
분량(60g)

잎을 1.5cm 정도 남기고   4cm 길이로
8등분 한다   자른다

브로콜리

송이
1/2개(130g)
대(20g)

작은 송이로   껍질을 벗기고
나눈다   한입 크기로
마구썰기

6··· 연근 & 우엉 믹스

얇게 썰어 조림뿐 아니라 튀김에도

함께 먹어 더 맛있는 뿌리채소 콤비. 활용하기 좋도록 얇게 썰어. 조림은 물론이고 바싹 튀겨도 맛있다. 물에 잠시 담가 둬 떫은맛을 우려내고 키친타월로 물기를 제거한 뒤, 봉지에 넣는다.

응용 레시피는 36~37쪽

• 지퍼백(小) 1개 분량

연근

작은 것 1개(100g)

3~4cm 두께로 통썰기 하여 물에 살짝 헹군다

우엉

1/2개(100g)

5cm 길이로 얇게 어슷썰기 하여 물에 5분 정도 담가둔다

7··· 소송채 & 표고버섯 믹스

칼슘과 철분이 가득한 영양 만점 믹스

표고버섯은 만가닥버섯으로 대신해도 좋다. 소송채가 없으면 청경채로 대신해도 상관없지만, 시금치는 따로 데쳐야 하므로 간편하지 않다. 조리할 때는 짧은 시간에 살짝만 익혀 아삭아삭한 식감을 살린다.

응용 레시피는 38~39쪽

• 지퍼백(中) 1개 분량

소송채

1/2단(125g)

5cm 길이로 자른다

표고버섯

3개

얇게 썬다

 양배추 1/4통 +  당근 1/5개

믹스 만드는 법은 22쪽

레몬 맛을 낸 마요네즈로 한층 고급스러운

양배추&당근 믹스와 새우의 레몬 마요네즈 무침

재료 [2인분]

양배추&당근 믹스 ············· 전량
새우 ········· 작은 것 10마리 (120g)
소금 ····························· 약간
Ⓐ 마요네즈 ················· 3큰술
   설탕 ······················ 1큰술
   레몬즙 ················· 1작은술
   소금, 후추 ············· 약간씩

만드는 법

1 새우는 꼬리를 남기고 껍질을 벗긴 뒤, 등에 살짝 칼집을 내고 내장을 뺀다.

2 냄비에 물을 가득 담고 팔팔 끓여 소금을 넣은 뒤, 새우와 양배추&당근 믹스를 넣는다. 새우의 색이 변하면 체에 밭쳐 물기를 뺀다.

3 믹싱볼에 Ⓐ를 넣고 섞은 뒤, 2를 넣고 버무린다.

Point!

살짝 데치면 한결 먹기 편하다
양배추는 가볍게 데치면 뻣뻣한 느낌이 없어지고 씹는 맛은 적당히 남아 먹기 좋다.

조리시간 5분

도시락

★ 이렇게 먹는 방법도 있다!
• 볶음 국수나 볶음 우동에 넣어 채소가 듬뿍 든 면 요리로 즐긴다.
• 소금에 살짝 절여 채 썬 생강을 곁들여도 좋다.

진한 소스로 채소의 맛을 살린

양배추 & 당근 믹스의 오코노미야키식 볶음

재료 [2인분]

양배추&당근 믹스 ··············	전량
우스터소스 ··············	1과 1/2큰술
소금, 후추 ·················	약간씩
식용유 ··················	1/2큰술
가다랑어포, 파래가루 ········	적당량

만드는 법

1 프라이팬에 식용유를 두르고 중불로 달군 뒤, 양배추&당근 믹스를 볶는다. 채소가 숨이 죽으면 소스, 소금, 후추를 넣고 볶는다.

2 접시에 담고 기호에 따라 소스(분량 외)를 뿌린 뒤, 가다랑어포와 파래가루를 뿌린다.

Point!

지져내듯 구워 고소함을 더 한다
양배추는 프라이팬에서 너무 뒤적이지 말고 노릇해질 때까지 지지듯이 천천히 볶으면 맛이 고소해진다.

도시락

조리시간 5분

배추 1/8포기 ＋ 붉은 파프리카 1/4개

믹스 만드는 법은 23쪽 ➡

진한 맛의 드레싱과 찰떡궁합

배추 &
파프리카 믹스로
만든 한국식 샐러드

재료 [2인분]

배추＆파프리카 믹스 ·········· 전량
Ⓐ 불고기 양념(시판) ········ 3큰술
　 고추장, 식초 ········· 1/2큰술씩
볶은 참깨 ···················· 적당량

만드는 법

1　찬물을 담은 믹싱볼에 배추＆파프리
　카 믹스를 담갔다가 잎이 싱싱하게
　살아나면 물기를 뺀다.

2　믹싱볼에 Ⓐ를 넣고 섞은 뒤, 1을 넣
　고 버무린다. 참깨를 뿌린다.

┌─ Point! ─────
│ **생으로 먹을 때는 물에 잠깐 담가둔다**
│ 찬물에 잠깐 담가두면 자른 뒤 한참 지난
│ 채소가 싱싱해지고 식감도 좋아진다.
└─────────────

조리시간
5분

★ 이렇게 먹는 방법도 있다!
• 중국식 수프나 콘소메 수프 등에 넣으면 좋다.
• 새우나 오징어와 함께 볶아서 풍성한 해산물 볶음으로 즐긴다.

조리시간
5분

짙은 소스로 채소의 맛을 살린

배추 &
파프리카 믹스의
중국식 덮밥

재료 [2인분]

배추 & 파프리카 믹스	전량
잘게 썬 돼지고기	150g
소금, 후추	약간씩
A 우스터소스	1과 1/2큰술
간장	1작은술
치킨파우더	1/2작은술
물	1컵
전분물	전분 1큰술 + 물 2큰술
식물성기름	1/2큰술
따뜻한 밥	2공기(400g)

만드는 법

1 돼지고기에 소금과 후추를 뿌린다. **A** 는 섞어놓는다.

2 프라이팬에 기름을 두르고 중불로 달군 다음 돼지고기를 넣고 볶는다. 돼지고기 색이 변하면 배추&파프리카 믹스를 넣어 부드러워질 때까지 볶는다. **A** 를 넣고 양념이 끓어오르면 전분 푼 물을 부어 걸쭉하게 만든다.

3 그릇에 밥을 담고 2를 끼얹는다.

┌─ Point! ─┐
볶으면 부드러워져 부피가 준다.
채소믹스 1봉지는 부피가 커서 프라이팬에 넣으면 가득차지만, 위아래로 뒤집어가면서 볶다 보면 숨이 죽는다.

29

무 & 만가닥버섯 믹스

무 1/4개　+　만가닥버섯 1/2팩

믹스 만드는 법은 23쪽 →

살짝 튀긴 무가 별미인

연어와 무 유자 무침

재료 [2인분]

무&만가닥버섯 믹스 ·········· 전량
연어 ····················· 2조각(160g)
전분 ······················· 적당량
A 물 ······················· 6큰술
　멘쓰유*(3배 농축) ···········
　···················· 2와 1/2큰술
　설탕 ···················· 1작은술
　유자(반달모양으로 얇게 썬 것)
　························· 4조각
식용유 ····················· 적당량

만드는 법

1　연어는 사선으로 저미듯이 4등분 하
　여 전분을 묻힌다.

2　프라이팬에 식용유를 1cm 깊이로 붓
　고 180℃로 가열**한 뒤, 무&만가
　닥버섯 믹스를 넣는다. 만가닥버섯
　은 살짝 튀겨내고 무는 5분 정도 튀
　긴 다음, **A**와 함께 믹싱볼에 넣고
　버무린다.

3　2를 튀기고 난 기름에 연어를 넣어
　앞뒤로 뒤집으며 3분 정도 튀긴 뒤,
　2번 믹싱볼에 넣어 함께 섞는다.

◆　멘쓰유 麵つゆ: 맛국물과 간장, 미림, 설탕을 기본으로
　하여 만든 일본간장. 메밀국수나 우동 등 면을 찍어
　먹거나 국물 맛을 낼 때 사용한다. 대형 슈퍼마켓이나
　인터넷쇼핑몰에서 쉽게 살 수 있다.

◆◆　젓가락을 넣으면 바로 자잘한 거품이 올라오는 상태

─ Point! ─

무를 아삭하게 튀기는 것이 포인트!
얇게 썬 무는 데치지 않고도 짧은 시간에
튀길 수 있다. 살짝 튀기면 아삭한 식감은
남고 무의 깊은 맛은 더해진다.

조리시간 10분

도시락

도시락

조리시간
15분

가끔 생각나는 깊고 은근한 맛

무 & 만가닥버섯 믹스 미소 조림

재료 [2인분]

무 & 만가닥버섯 믹스	전량
Ⓐ 맛국물	1컵
맛술, 아카미소◆(없으면 미소),	
미림	1과 1/2큰술씩
간장	1작은술
식용유	1/2큰술
대파	적당량

만드는 법

1 프라이팬에 식용유를 두르고 중불로 달군 뒤, 무 & 만가닥버섯 믹스를 넣어 노릇노릇해질 때까지 2분 30초 정도 굽는다.

2 Ⓐ를 넣어 섞고 오토시부타◆◆를 덮은 뒤, 불을 약간 줄이고 8분 정도 조린다. 국물을 잘 섞은 다음 얇게 썬 대파를 얹어 마무리한다.

무 껍질도 남김없이 먹자!

무 껍질로
만든
매콤한
긴피라◆◆◆

재료 [만들기 쉬운 분량]

무 껍질(두껍게 벗긴 것)	12cm 분량(100g)
Ⓐ [붉은 고추(잘게 썬 것)	1/2개 분량
맛술	1큰술
간장	2작은술
미림	1/2큰술
설탕	1작은술
식물성기름	1/2큰술

만드는 법

1 두껍게 벗긴 무 껍질은 5mm 폭으로 채 썬다.

2 프라이팬에 기름을 두르고 달군 뒤, 1을 넣어 2분 정도 숨이 죽을 때까지 볶는다.

3 섞어놓은 Ⓐ를 넣고 국물이 졸아들 때까지 함께 볶는다.

◆ 아카미소 赤みそ: 오랜 시간 높은 온도에서 숙성시켜 색이 짙어진 미소로 짠맛이 강하다.

◆◆ 오토시부타 落し蓋: 음식에만 덮는 뚜껑. 없으면 포일에 구멍을 뚫어 덮어준다. 국물이 적은 조림 같은 요리를 할 때 덮어주면 국물이 재료에 골고루 스며들고 끓어 넘칠 염려도 없다.

◆◆◆ 긴피라 きんぴら: 채 썬 재료를 설탕, 간장 등의 조미료를 넣어 짭조름하게 볶은 요리

셀러리 & 양파 믹스

셀러리 1/2대 ＋ 양파 1/2개

믹스 만드는 법은 24쪽 →

따끈따끈해도 식어도 맛있다!

닭고기 향채소 마리네*

재료 [2인분]

셀러리&양파 믹스	전량
닭다리살	300g
소금	1/3작은술
후추	약간
Ⓐ 올리브오일	3큰술
화이트와인비니거(없으면 식초)	2큰술
소금, 후추	약간씩
올리브오일	1/2큰술

만드는 법

1 닭고기는 4등분 하여 소금과 후추를 뿌린다.

2 믹싱볼에 Ⓐ와 셀러리&양파 믹스를 섞어 마리네소스를 만든다.

3 프라이팬에 올리브오일을 두르고 중불로 달군 뒤, 닭고기 껍질 부분을 아래로 하여 4~5분 굽는다.

4 닭고기가 노릇하게 구워지면 뒤집은 다음, 뚜껑을 덮고 약불로 4분 정도 더 굽는다. 따뜻할 때 2에 넣어 버무린다.

◆ 마리네 marine: 생선, 고기를 식초, 기름, 향신료 등으로 버무린 요리

Point!

고소한 닭고기와 상큼한 향채소의 조화
마리네는 향채소가 주인공이다. 새콤한 맛의 마리네소스와 향채소가 어우러지면 닭고기의 맛도 한층 깔끔해진다.

조리시간 10분

셀러리 잎도 남김없이 사용하자!

셀러리 잎으로 만든 고명

재료 [만들기 쉬운 분량]

셀러리 잎	1대 분량(15g)
소금	약간
Ⓐ [참기름	1/2큰술
소금, 굵은 흑후추	약간씩]

만드는 법

셀러리 잎은 잘게 다진 뒤, 소금을 뿌려 살짝 절인다. 5분 정도 두었다 물기를 짜내고 믹싱볼에 넣어 Ⓐ와 함께 무친다. 생선회, 구운 고기, 라면 등에 얹어 먹는다.

조리시간
5분

조금 멋을 낸 일본식 무침

셀러리 & 양파 믹스의 가다랑어포 무침

재료 [2인분]

셀러리&양파 믹스	전량
가다랑어포	3g
폰즈	적당량

만드는 법

1 셀러리&양파 믹스는 물에 살짝 담갔다가 물기를 뺀다.

2 믹싱볼에 1과 가다랑어포를 넣고 섞은 뒤, 그릇에 담고 폰즈를 뿌린다.

Point!

향채소를 생으로 먹기 좋게 만든 믹스

양파는 가로로 자르면 매운맛이 적당히 빠져 생으로 먹기 좋다. 셀러리 잎을 넣으면 향도 색도 다채로워진다.

셀러리와 양파가 남았으면

갈아 만든 채소 드레싱

재료 [약 1컵 분량]

당근	1/3개(50g)
양파	1/4개(50g)
셀러리	1/3대(30g)
Ⓐ [식초, 간장	3큰술씩
설탕	1/2큰술
소금, 후추	약간씩
식용유	5큰술]

만드는 법

밀폐 가능한 유리용기에 Ⓐ를 넣어 잘 섞는다. 거기에 강판에 간 채소를 넣고 함께 섞는다. 30분 이상(가능하면 하룻밤) 재웠다가 먹기 전에 다시 한 번 잘 섞는다.

순무 & 브로콜리 믹스

순무 2개  + 브로콜리 1/2개

믹스 만드는 법은 24쪽

레몬과 간장으로 산뜻한 드레싱을

순무와 브로콜리를 넣은 톳 샐러드

재료 [2인분]

순무&브로콜리 믹스	전량
밥톳(건조)	2큰술
소금	약간
Ⓐ 올리브오일	2큰술
간장	1큰술
레몬즙	2작은술

만드는 법

1 밥톳은 충분한 물에 담가 15분 정도 불렸다 물기를 뺀다.

2 물을 넉넉하게 채운 냄비를 가열하여 끓으면 소금을 넣은 뒤, 순무&브로콜리 믹스를 넣는다. 2분 30초 정도 끓이다 톳을 넣고 살짝 데쳐내 체에 밭쳐 물기를 뺀다.

3 믹싱볼에 Ⓐ를 넣어 섞고, 2와 함께 버무린다.

┌─ **Point!** ─┐
레몬이 남았으면 즙을 짜둔다
잘라서 쓰고 남은 레몬의 즙을 짜 두면 좋다. 냉장고에 1주일 정도는 보관해도 괜찮으니 드레싱에 조금씩 넣으면 편리하다.

조리시간
20분

도시락

조리시간 10분

프라이팬 하나로 그럴듯한 생선요리를

임연수와
채소 치즈 찜

재료 [2인분]

순무&브로콜리 믹스	전량
임연수	2조각(200g)
소금, 후추	약간씩
올리브오일	1/2큰술
피자치즈	60g
토마토케첩	적당량

만드는 법

1 임연수는 큼직하게 한입 크기로 자른다. 프라이팬에 올리브오일을 두르고 중불로 달군 뒤, 임연수와 순무 & 브로콜리 믹스를 넣고 2분 정도 굽는다.

2 노릇하게 구워졌으면 살짝 섞어 소금, 후추, 물 2큰술을 넣은 뒤, 피자치즈를 뿌리고 뚜껑을 덮어 3분 정도 익힌다.

3 접시에 담고, 케첩을 뿌린다.

Point!

뚜껑을 덮고 익히면 임연수의 맛을 채소가 흡수한다
고소한 맛을 살리도록 노릇노릇하게 굽자. 뚜껑을 덮고 임연수와 채소믹스를 함께 익히면 채소가 맛있는 성분을 흡수하면서 딱 알맞은 상태로 익는다.

순무 잎도 남김없이 사용하자!

순무 잎과
잔멸치로 만든
참깨 맛
후리카케

재료 [만들기 쉬운 분량]

순무 잎	3개 분량(100g)
잔멸치	2큰술
Ⓐ [맛술	2큰술
간장, 설탕	1큰술씩]
식물성기름	1큰술

만드는 법

1 순무 잎은 잘게 썬다.

2 프라이팬에 기름을 두르고 중불로 달군 뒤, 1과 잔멸치를 넣고 순무 잎의 숨이 죽을 때까지 3분 정도 볶는다.

3 섞어 놓은 Ⓐ 를 넣고 국물이 다 졸아들 때까지 섞으면서 볶는다.

연근 작은 것 1개  + 우엉 1/2대

믹스 만드는 법은 25쪽

튀김을 곁들여 풍성한

연근과 우엉 칩을 얹은 일본식 샐러드

재료 [2인분]

연근&우엉 믹스	전량
경수채	70g
참치 통조림	80g
Ⓐ 식용유	1과 1/2큰술
간장, 식초	1큰술씩
후추	약간
튀김용 기름	적당량

만드는 법

1 경수채는 5cm 길이로 자른다. 참치 통조림은 국물을 뺀다.

2 믹싱볼에 Ⓐ를 넣어 섞은 뒤, 1을 더해 버무려서 그릇에 담는다.

3 프라이팬에 튀김용 기름을 2cm 정도 깊이로 붓고 170℃로 가열한 뒤, 연근&우엉 믹스를 넣는다. 앞뒤로 뒤집으면서 5~6분 튀긴 뒤 기름을 뺀다. 2에 얹는다.

Point!

바삭하게 튀기는 요령
채소믹스를 만들 때 채소를 얇게 썰고, 튀길 때 조금 오래 튀기면 바삭바삭한 튀김이 된다.

조리시간 10분

와인과 어울리는 안주 레시피

연근과 우엉 마늘 볶음

재료 [2인분]

연근&우엉 믹스	전량
마늘	1조각 분량
Ⓐ 화이트와인(없으면 맛술), 미림	1큰술씩
소금	1/2작은술
굵은 흑후추	적당량
올리브오일	1큰술

만드는 법

1 프라이팬에 올리브오일, 마늘을 넣고 중불로 굽는다. 얇게 저민 마늘을 뒤집어가면서 굽다가 노릇노릇해지면 꺼낸다.

2 1의 프라이팬에 연근&우엉 믹스를 넣어서 볶는다. 4분 정도 볶아 숨이 죽으면 Ⓐ를 넣고 국물이 졸아들 때까지 섞으면서 볶는다. 접시에 담은 뒤, 구운 마늘과 후추를 뿌린다.

Point!
마늘 향으로 뿌리채소의 맛을 한층 UP!
마늘 향이 밴 기름에 뿌리채소를 볶으면 맛이 한층 좋아진다. 바삭바삭하게 구운 얇은 마늘은 완성된 요리에 얹어 먹는다.

조리시간
10분

소송채 & 표고버섯 믹스

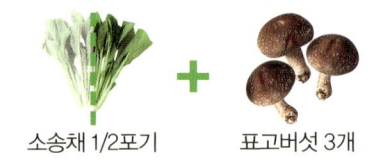

소송채 1/2포기

표고버섯 3개

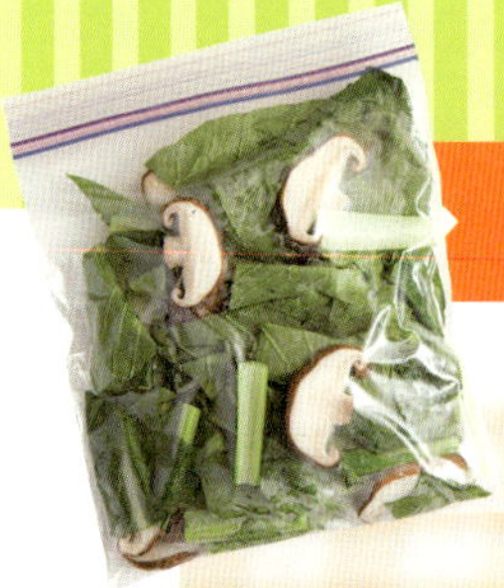

믹스 만드는 법은 25쪽

마요네즈로 볶아 더 맛있는

소송채 & 표고버섯 마요네즈 우스터소스 볶음

재료 [2인분]

소송채&표고버섯 믹스 ······ 전량
마요네즈, 우스터소스 ······ 1큰술씩
따뜻한 밥 ······ 2공기

만드는 법

1 프라이팬에 마요네즈를 넣고 중불로 달군 뒤, 소송채&표고버섯 믹스를 넣고 숨이 죽을 때까지 볶는다.
2 우스터소스를 넣어 재빨리 섞는다. 접시에 밥과 함께 담아낸다.

Point!

마요네즈가 기름 대신 쓰일 때도
마요네즈가 볶음용 기름과 맛내기 소스 역할을 한다. 소송채의 아삭아삭한 식감을 살리려면 재빨리 볶아내는 것이 중요하다.

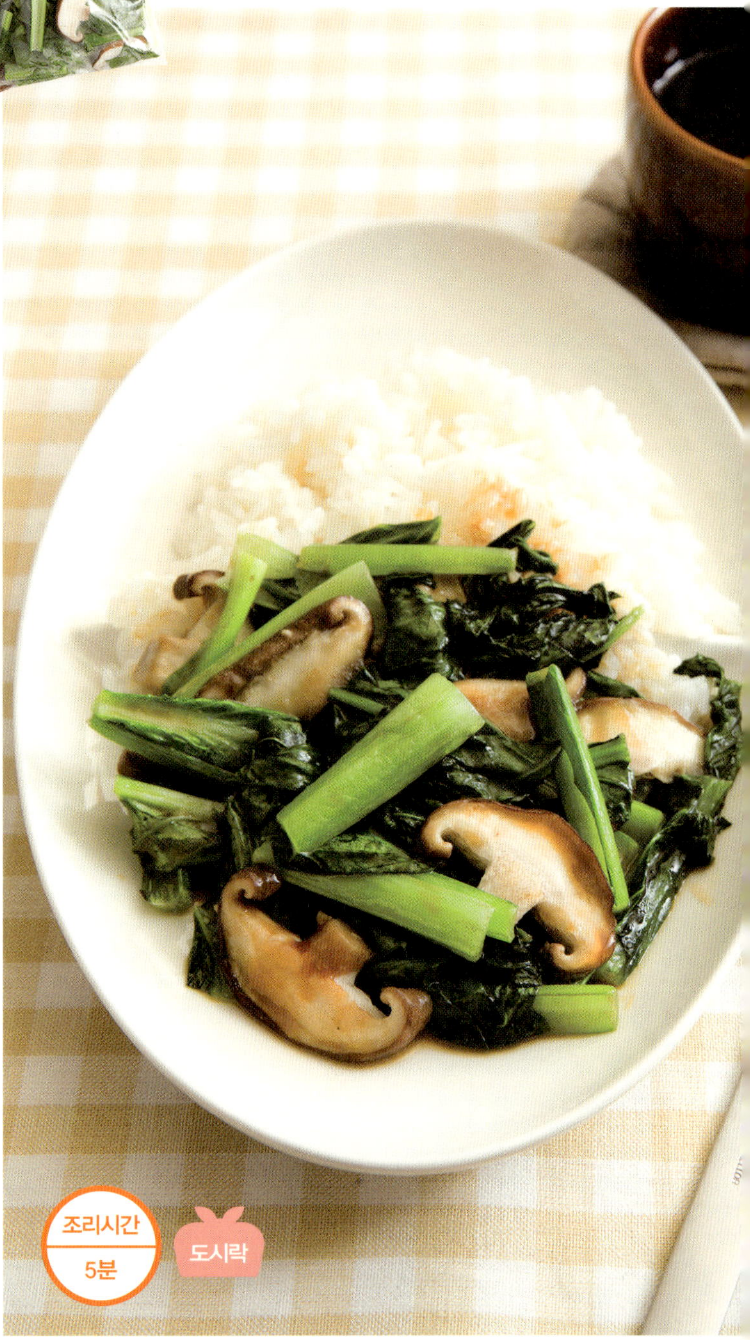

조리시간 5분

도시락

담백하고 건강에 좋은

소송채와 닭안심 올리브오일 간장 파스타

재료 [2인분]

소송채&표고버섯 믹스	전량
스파게티면	160g
닭안심살	3장(150g)
소금	적당량
Ⓐ 올리브오일, 간장	1과 1/2큰술씩
후추	약간

만드는 법

1 닭안심살은 힘줄을 제거하고 가늘게 썬다. 냄비에 물을 넉넉하게 붓고 끓인 뒤, 소금(대략 물 1.5L에 1큰술)을 넣고 포장지에 표시된 시간대로 스파게티면을 삶는다.

2 다 삶기 1분 30초 전에 삶은 물 2큰술을 따로 덜어내고 닭안심살, 소송채 & 표고버섯 믹스를 넣는다. 한꺼번에 체에 밭쳐 물기를 뺀다.

3 2를 믹싱볼에 옮겨 2에서 덜어낸 스파게티 삶은 물과 Ⓐ 를 넣고 전체를 잘 섞은 뒤, 그릇에 담는다.

조리시간
10분

Point!

스파게티 삶은 물을 활용하자!
스파게티 삶은 물에 채소를 삶으면 물에 소금기가 있어 채소에 간이 밴다. 소스를 만들 때도 활용할 수 있다!

채소에 간이 뱄으니 양념할 필요가 없다!

3가지 양념 채소믹스

'채소믹스'처럼 익히지 않고
썰어놓은 채소에 양념만 해서
보관하면 끝!

양념 채소믹스 이렇게 편리하다!

조리할 때
수고를 덜어준다

양념을 해서 보관하면
조리할 때 간을 하는
수고를 덜 수 있다!

보관 중에 간이 밴다

양념이 보관 중에
채소에 스며들어 밑간이
확실히 된다.

함께 익히므로
조리시간이 짧아진다

두 가지 채소를 적당한 크기로
썰어 한 팩에 보관하기 때문에
냄비나 프라이팬에 한꺼번에
넣고 익힐 수 있어 조리시간이
절약된다.

1··· 우엉 & 당근 믹스

• 지퍼백(小) 1개 분량

냉장	냉동
3일	**2주일**

언제 먹어도 맛있는 뿌리채소믹스

누구나 좋아하는 달콤 짭조름한
양념을 한 채소믹스다. 각각 맛
이 확실한 채소여서 담백한 재료
와 섞으면 잘 어울린다. 볶거나
튀겨 안줏거리로도 즐기기 좋다.
뿌리채소를 싫어하는 어린이를
위한 요리에도 좋다.

**응용 레시피는
42~43쪽**

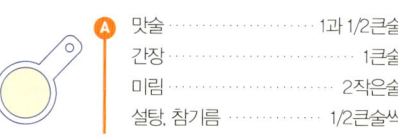

A 맛술 ···················· 1과 1/2큰술
간장 ························ 1큰술
미림 ························ 2작은술
설탕, 참기름 ·········· 1/2큰술씩

만드는 법

지퍼백에 **A**를 넣어 설탕이 녹을 때까지 조
물조물한 뒤, 채소를 넣어 봉지째 가볍게 주
무른다. 공기를 빼면서 지퍼를 닫는다.

우엉

6cm 길이로 얇게
어슷썰기 해 물에
5분 담가둔다

1/2대(100g)

당근

1/3개(50g)

6cm 길이의
얄팍썰기

40

2··· 단호박 & 양파 믹스

응용 레시피는
44~45쪽

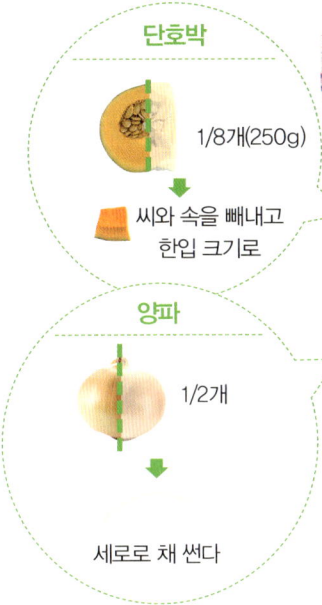

단호박

1/8개(250g)

씨와 속을 빼내고
한입 크기로

양파

1/2개

세로로 채 썬다

만드는 법

지퍼백에 채소를 넣고 Ⓐ를 더하여 전체
에 양념이 스며들게 봉지째 가볍게 주무
른다. 공기를 빼면서 지퍼를 닫는다.

• 지퍼백(中) 1개 분량

냉장	냉동
3일	**2주일**

서양 요리에 어울리는 양념

단호박은 익는 데 시간이 걸리므
로 오래 익혀도 괜찮은 양파와
섞는다. '단호박=조림'으로 생각
하는 경향이 있으므로 서양 요리
에 응용하기 쉽게 양념해서 색다
른 요리에 도전해보자.

Ⓐ 다진 마늘 ·········· 1/2조각 분량
카레가루 ················ 1작은술
소금 ·················· 1/3작은술
굵은 흑후추 ·················· 약간

3··· 양배추 & 대파 믹스

• 지퍼백(中) 1개 분량

냉장	냉동
3일	**2주일**

채소에서 나온 수분도 살리자

양배추와 대파는 양념하면 수분
이 나와 부피가 줄어든다. 줄어
든 만큼 공기를 빼내자. 채소에
서 나온 수분에도 맛있는 성분이
있으니 참기름 향이 나는 소스와
함께 넣어 요리하자.

응용 레시피는
46~47쪽

만드는 법

지퍼백에 채소를 넣고 Ⓐ를 넣은 뒤, 전
체에 양념이 균일하게 섞이도록 봉지째
가볍게 주무르면서 섞는다. 공기를 빼면
서 지퍼를 닫는다.

양배추

잎 2장(100g)

한입 크기로

대파

1/2뿌리

얇게 어슷썰기

Ⓐ 참기름 ················ 1큰술
소금 ················ 1/4작은술
굵은 흑후추 ·················· 약간

우엉 & 당근 믹스

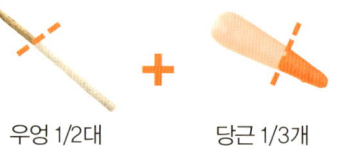

우엉 1/2대
당근 1/3개

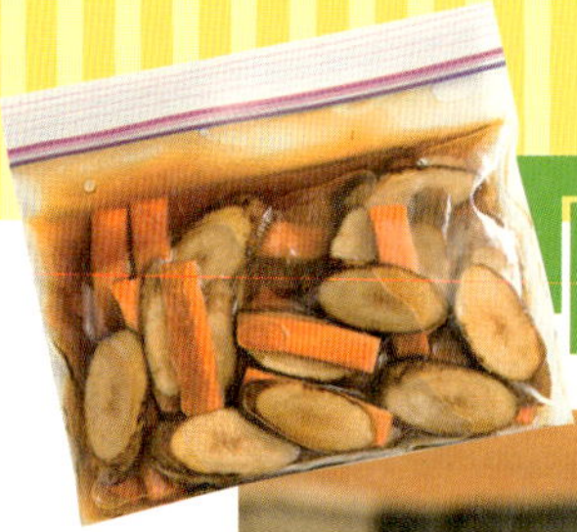

믹스 만드는 법은 40쪽

고소한 호두가 포인트

우엉과 당근으로 만든 호두 긴피라

재료 [2인분]

우엉&당근 믹스 ·············· 전량
구운 호두 ···················· 2큰술
참기름 ······················ 약간

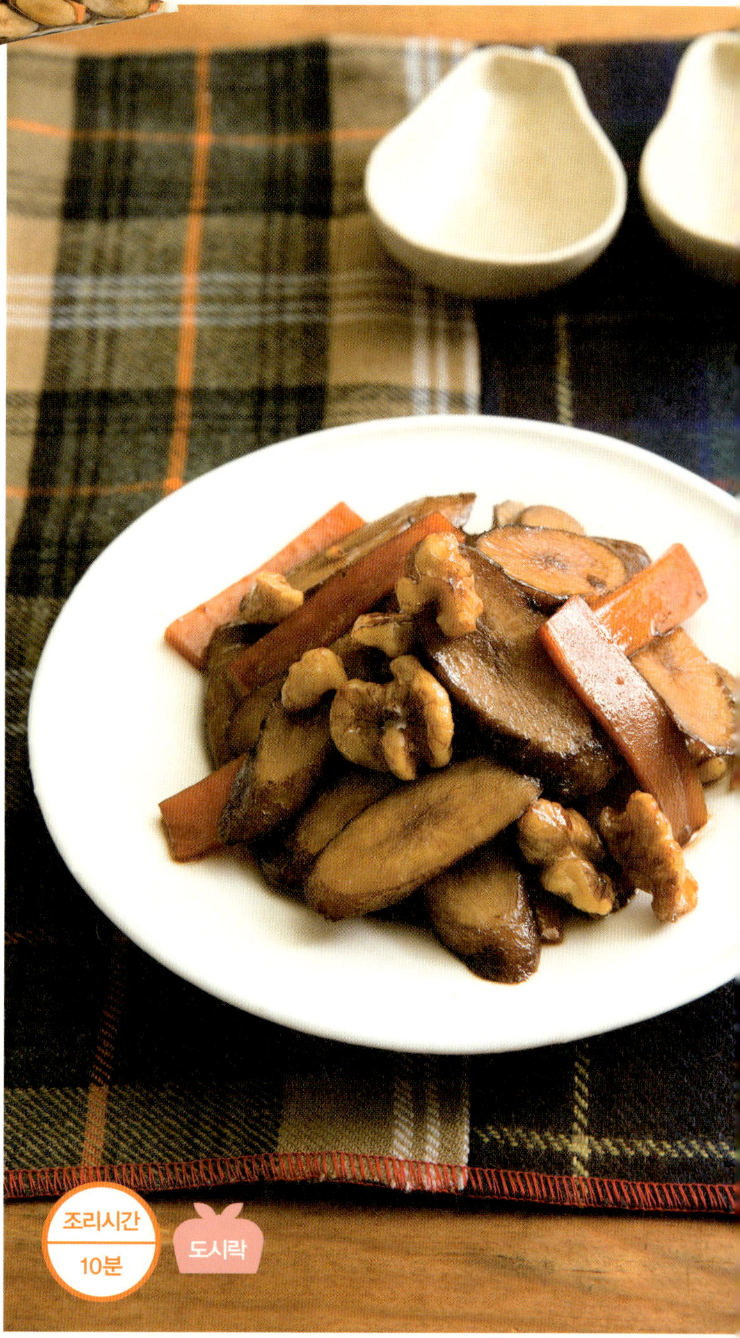

조리시간
10분
도시락

만드는 법

1 프라이팬에 양념된 우엉&당근 믹스를 국물과 함께 넣고 물 2큰술을 뿌린 뒤, 뚜껑을 덮고 5분 정도 익힌다.

2 뚜껑을 열고 손으로 부순 호두와 참기름을 넣고, 수분을 날리면서 양념이 졸아 윤기가 날 때까지 볶는다.

Point!

뚜껑을 덮고 가열하는 것이 요령

양념 채소믹스로 보관한 우엉과 당근은 양념이 속까지 스며들어 있다. 그대로 볶으면 탈 수 있으니 물을 뿌리고 뚜껑을 덮어 익힌다.

★ **이렇게 먹는 방법도 있다!** ・ 우동과 볶아 볶음 우동으로 즐긴다.
・ 돼지고기와 함께 볶아 풍성한 긴피라로 즐긴다.

나도 모르게 손이 가는

우엉과 당근으로
만든 다쓰타 튀김˙

재료 [2인분]

우엉&당근 믹스 ··············· 전량
전분. 튀김용 기름 ············· 적당량

만드는 법

1 양념된 우엉&당근 믹스는 체에 밭
   쳐 물기를 살짝 뺀 다음 전분을 묻
   힌다.

2 프라이팬에 튀김용 기름을 1cm 깊
   이로 붓고 170℃로 가열한 후, 1을
   넣어 4분 30초 정도 튀긴 다음 기름
   기를 뺀다.

◆ 다쓰타 튀김 竜田揚げ: 고기와 생선 등을 간장으로 간
  해서 전분을 묻혀 튀기는 요리

Point!

밑간이 잘 배어 그대로도 맛있다
전분이나 밀가루를 비닐봉지에 넣어 섞으면
손에 가루를 묻히지 않아도 된다. 양념 채소
믹스에는 밑간이 되어 있어서 튀긴 뒤 소스에
찍지 않고 그냥 먹어도 맛있다.

도시락

조리시간
5분

단호박 1/8개 + 양파 1/2개

단호박 & 양파 믹스

믹스 만드는 법은 41쪽

인도 정통 가정 요리

단호박과 다진 고기를 넣은 사브지*

재료 [2인분]

단호박&양파 믹스	전량
다진 고기	80g
식용유	1/2큰술
굵은 흑후추	약간

만드는 법

1 프라이팬에 식용유를 두르고 중불로 달군 뒤, 다진 고기를 넣어 색이 변할 때까지 볶는다.

2 양념된 단호박&양파 믹스를 넣고 볶다 전체에 기름기가 돌면 물 3/4컵을 더해 다시 한 번 섞어준 뒤, 뚜껑을 덮고 약한 불로 7~8분 익힌다.

3 뚜껑을 열고 볶으면서 수분을 날린다. 접시에 담고 후추를 뿌린다.

◆ 사브지 sabzi: 채소 1~2가지를 넣어 만든 인도 정통 카레

Point!

뚜껑을 덮고 익혀 채소의 맛을 끌어낸다
프라이팬의 뚜껑을 덮고 익힌 다음 볶아내면, 단호박&양파의 감칠맛을 잘 끌어낼 수 있다.

조리시간 10분

양념 채소믹스와 통조림으로 만드는 즉석 요리!

단호박을 넣은
카레맛 크림 그라탱

재료 [2인분]

단호박&양파 믹스	전량
참치 통조림	80g
Ⓐ 화이트소스 통조림	1/2캔
우유	1/3컵
올리브오일	1/2큰술
피자치즈	30g

만드는 법

1 프라이팬에 올리브오일을 두르고 중
   불로 달군 뒤, 양념된 단호박 & 양파
   믹스를 볶는다. 전체에 골고루 기름
   기가 돌면 물 3/4컵을 붓고 한 번 섞
   은 뒤, 뚜껑을 덮고 불을 낮춰 7~8
   분 익힌다.

2 국물을 뺀 참치와 Ⓐ를 넣고 섞은 다
   음, 내열 그릇에 담는다. 피자치즈를
   뿌리고 7~8분 정도 치즈가 노릇해질
   때까지 오븐 토스터에서 굽는다.

> **Point!**
> **볶은 뒤 뚜껑을 덮고 익힌다**
> 채소는 볶아서 익힌 뒤에 토스터에 넣으면
> 짧은 시간에 골고루 잘 익는다.

조리시간
20분

양배추 잎 2장

＋

파 1/2뿌리

믹스 만드는 법은 41쪽

김치를 넣어 채소가 한가득

양배추와 대파를 넣은 김치 수프

조리시간
5분

재료 [2인분]

양배추&대파 믹스	·············	전량
배추김치	···················	100g
Ⓐ 물	···················	2와 1/2컵
치킨파우더	·········	1작은술
볶은 참깨	················	적당량

만드는 법

1 냄비에 Ⓐ 를 넣고 중불로 가열해 끓어오르면 양념된 양배추&대파 믹스를 국물과 함께 넣은 뒤, 약한 중불로 2~3분 더 끓인다.

2 배추김치를 잘라 넣어 한 번 섞고, 볶은 참깨를 뿌린다.

Point!

양념 국물이 김칫국물과 조화를 이룬다

채소믹스의 양념 국물과 배추김치가 어우러져 깊은 맛을 내는 수프가 된다. 부드러운 채소를 좋아하는 사람은 좀 오래 끓여도 좋다.

대파 잎도 남김없이 사용하자!

대파 미소 볶음

재료 [만들기 쉬운 분량]

대파의 초록색 부분	······	2뿌리 분량(80g)
다진 마늘		1조각 분량
Ⓐ [미소, 미림, 맛술	·············	1큰술씩
간장		1/2작은술]
식물성기름	·····················	1큰술

만드는 법

1 대파의 초록색 부분을 길게 반으로 자른 뒤, 잘게 썬다.

2 프라이팬에 기름과 마늘을 넣고 굽다가 향이 나면 1을 넣은 뒤, 3분 정도 천천히 볶는다.

3 섞어 놓은 Ⓐ 를 넣고 잘 뒤적이며 볶는다.

- 새우나 오징어와 함께 볶아도 맛있다.
- 인스턴트 라면에 넣어 먹어도 맛있다.

조리시간
10분

맛있는 국물이 스며든 양배추가 주인공

소금과 생강으로 맛을 낸 대구 양배추 찜

재료 [2인분]

양배추&대파 믹스	전량
생대구	2조각
생강	1/2조각 분량
소금, 후추	약간씩
폰즈	적당량

만드는 법

1 대구는 소금과 후추를 뿌려 프라이 팬에 넣고, 양념된 양배추 & 대파 믹스는 국물까지 다 넣는다. 생강을 채 썰어 뿌리고 물 1/2컵을 부은 뒤, 뚜껑을 닫아 중불로 7~8분 끓인다.

2 물기를 뺀 다음, 접시에 담고 폰즈를 뿌린다.

Point!

양념 채소믹스에 넣은 참기름 향이 살아 있다
채소에 밑간이 잘 배어 그대로 먹어도 맛있다. 대구 대신 얇게 썬 닭고기나 돼지고기 삼겹살을 써도 좋다.

47

간단한 절임 & 피클 만들기

자투리 채소를 모아 절임장에 담그기만 해도 훌륭한 반찬이 된다.

☆ 모두 냉장고에서 2~3일 보관할 수 있다. 절임장은 여러 번 사용해도 된다. ☆ 채소에서 수분이 나와 맛이 옅어지니 적절히 간을 더하도록 한다.

요구르트 미소 절임

재료 [만들기 쉬운 분량]

우엉 ············ 1/6대(30g)	Ⓐ [미소 ··············· 80g
당근 ············ 1/4개(30g)	플레인 요구르트 ·····50g]
고야◆ ·········· 1/5개(50g)	※오이, 무, 순무, 가지, 파프리
	카 등을 사용해도 좋다.

만드는 법

1 우엉은 껍질을 긁어낸 뒤 2~3mm 두께로 어슷썰기하고, 당근은 5mm 두께로 통썰기 한다. 고야는 세로로 반으로 가른 다음, 씨와 속을 빼고 7~8mm 굵기로 썬다. Ⓐ 는 섞어둔다.

2 보관용기에 Ⓐ 의 절반을 넣고 키친타월을 1장을 깐 뒤, 1을 넓게 펼친다. 키친타월을 그 위에 다시 덮고 남아 있는 Ⓐ 를 부어 평평하게 만든 다음, 냉장고에 넣고 하룻밤 재운다.

◆ 고야 ゴヤ: 오키나와를 대표하는 채소로 쓴 호박이라고도 부른다.

다시마 간장 절임

재료 [만들기 쉬운 분량]

무 ·············· 2cm(80g)	Ⓐ [끓는 물, 간장 ···· 2큰술씩
가지 ············ 1/2개(40g)	설탕 ············· 1/2큰술
양하 ·············· 2개(30g)	붉은 고추 ·········· 1개
	다시마 5cm ········· 1장]
	※참마, 당근, 고야, 순무, 파프리
	카 등을 사용해도 좋다.

만드는 법

1 Ⓐ 는 섞어서 식힌 다음, 지퍼백에 넣는다.

2 무는 5mm 두께 반달모양으로 썬다. 가지는 세로로 절반을 갈라 7~8mm 두께로 어슷썰기한 후 물에 5분 정도 담가 떫은맛을 우려낸 뒤 물기를 뺀다. 양하는 세로로 반을 가른다.

3 1에 2를 넣어 공기를 빼면서 지퍼를 닫아 냉장고에서 하룻밤 재운다.

머스터드 피클

재료 [만들기 쉬운 분량]

양파 ············ 1/4개(50g)	Ⓐ [식초 ············· 3큰술
노란 파프리카 ·· 1/2개(40g)	끓는 물 ······· 1과 1/2큰술
애호박 ·········· 1/3개(60g)	설탕, 홀그레인머스터드 ···
	············· 1큰술씩
	소금 ·········· 1/2작은술]
	※셀러리, 당근, 순무, 오이, 무 등
	을 사용해도 좋다.

만드는 법

1 Ⓐ 는 섞은 뒤, 식으면 지퍼백에 넣어둔다.

2 양파와 파프리카는 한입 크기로 썰고, 애호박은 6~7mm 두께로 통썰기 한다.

3 1에 2를 넣고 공기를 빼면서 지퍼를 닫아 냉장고에서 하룻밤 재운다.

중국식 마늘 절임

재료 [만들기 쉬운 분량]

오이 ············ 1/2개(50g)	Ⓐ [간장 ············· 2큰술
작은 순무 ········· 1개(70g)	끓는 물, 식초 ····· 1큰술씩
셀러리 ·········· 1/3대(30g)	설탕, 참기름 ···· 1/2큰술씩
	마늘 ······· 1/2조각 분량]
	※ 무, 당근, 고야, 가지, 참마 등을
	사용해도 좋다.

만드는 법

1 Ⓐ 는 섞은 뒤, 식으면 지퍼백에 넣어둔다.

2 오이는 8mm 두께로 작게 썬다. 순무는 잎을 1.5cm 정도 남기고 껍질을 벗겨 8등분 한다. 셀러리는 5cm 길이로 썬다.

3 1에 2를 넣은 뒤, 공기를 빼면서 지퍼를 닫는다. 냉장고에 넣어 3~4시간에서 한나절 정도 재운다.

Chapter 2

1~3일 내로 조리하는 것이 좋다!
빨리 시드는 채소

양상추나 숙주나물, 소송채 등은 눈 깜짝할 사이에 시들어
버리는 채소지요. 신선할 때 다 먹지 못할 듯하면 빨리 저
장채소로 만드는 것이 현명합니다! 보존이 안 될 듯한 양
상추도 새로운 아이디어 보관법이면 두고 먹을 수 있는
'반찬거리'로 변신합니다.

양상추 (1/2개 사용)

• 오일 무침 •

양상추
1/2개(200g) → 한입 크기로 뜯는다

참기름 … 2큰술

• 지퍼백 (中) 1개 분량

만드는 법
지퍼백에 양상추를 넣고 참기름을 골
고루 뿌려 대충 섞는다. 공기를 빼면서
지퍼를 닫고 냉장고에 보관한다.

냉장
3~4일

**기름이 잘린 부분의 변색을
막는다**

기름이 잘린 면을 코팅하여 산화
를 방지한다. 샐러드용으로 뜯어
놓고 다 쓰지 못했을 때 보관하
기 편리한 방법이다. 잘린 면에
기름이 빠짐없이 묻을 수 있도록
잘 버무린다. 참기름은 식용유나
올리브오일로 바꿔도 좋다. 볶음
은 물론이고 수프나 볶음밥 등에
폭넓게 사용할 수 있다.

응용 레시피는
56쪽

• 소금 절임 •

양상추
1/2개(200g) → 한입 크기로 뜯는다

소금 … 1/3작은술

만드는 법
지퍼백에 양상추를 넣고 소금을 뿌려
섞는다. 공기를 빼면서 지퍼를 닫아 냉
장고에 보관한다.

• 지퍼백 (中) 1개 분량

냉장
3~4일

**수분은 보존하다가 사용하
기 전에 짜내자**

양상추에서 나온 수분은 그대로
보존하다가 사용하기 전에 짜낸
다. 양상추는 수분이 빠져도 아삭
아삭한 식감은 그대로다. 오히려
부피가 줄어서 많이 먹을 수 있
다. 간장만 조금 뿌려 먹어도 맛
있고, 마요네즈로 무쳐 새로운 느
낌의 코울슬로를 만들어도 좋다.

응용 레시피는
57쪽

 **숙주나물** (1/2봉지 사용)

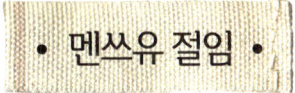 **· 멘쓰유 절임 ·**

냉장
3~4일

숙주나물
1/2봉지(125g)

식용유 … 1작은술
A 멘쓰유(3배 농축) … 2큰술
설탕 … 1/2작은술
물 … 2와 1/2큰술

만드는 법

1 프라이팬에 식용유를 두르고 중불로 달군 뒤, 숙주나물을 볶는다. 숙주나물 전체에 기름기가 돌면 **A**를 넣어 한소끔 끓인다.

2 보관용기에 국물과 함께 옮겨 담아 식힌 후, 냉장고에 보존한다.

볶아서 깊은 맛을 더 한다

숙주나물은 담백하지만 볶으면 깊은 맛이 난다. 오래 보관할 수 있도록 볶은 숙주나물에 양념장을 넣어 한소끔 끓인다. 너무 오래 끓이지 않도록 주의한다. 보관할 때도 숙주나물에서 맛있는 수분이 나오므로 멘쓰유가 적절하게 희석된다. 이 멘쓰유는 다른 요리에 조미료로 사용해도 좋다.

응용 레시피는
60쪽

· 미소 무침 ·

냉장
3~4일

숙주나물
1/2봉지(125g)

A 미소 … 2작은술
미림 … 1작은술
참기름 … 약간

만드는 법

1 냄비에 물을 넉넉하게 붓고 강한 불로 끓인 뒤, 숙주나물을 넣어 20~30초 데친다. 체에 밭쳐 물기를 빼면서 그대로 식힌다.

2 보관용기에 **A**를 넣어 섞은 뒤, 숙주나물을 넣고 버무려 냉장고에 보관한다.

미소의 맛이 속까지 스며든다

숙주나물을 데치고 나서 물에 담그면 수분이 많아져 오래 둘 수 없으므로, 그대로 체에 걸러 식힌다. 숙주나물에서 수분이 나와 미소 양념이 묽어지면서 알맞게 맛이 든다. 그대로 밥 반찬으로 먹어도 딱 좋다. 라면이나 냉면에 고명으로 얹어도 좋다!

응용 레시피는
61쪽

소송채 (2/5다발 사용)

• 오일 코팅 •

소송채
2/5다발(100g) → 데쳐서 3cm 길이로

소금 ··· 약간
식용유 ··· 1큰술

만드는 법

1 냄비에 물을 넉넉하게 붓고 강한 불로 끓인 뒤, 소금을 넣고 소송채를 줄기부터 넣어 살짝 데친다. 찬물에 담가 식혀서 물기를 짠다.
2 3cm 길이로 잘라 보관용기에 담고 식용유를 뿌려서 잘 섞어 냉장고에 보관한다.

냉장	냉동
3~4일	2주일

잘라서 맛있게 보존한다

채소는 자른 면부터 시들기 시작하지만 오일로 코팅하면 오래간다. 바로 사용할 수 있게 잘라 놓았고 조리 시 기름을 따로 쓰지 않고 가열할 수 있어 조리 시간이 단축된다. 사용하고 남으면 얼려서 보존한다.

응용 레시피는
64쪽

• 데치기 •

소송채
2/5다발(100g) → 데친다

소금 ··· 약간

만드는 법

냄비에 물을 넉넉하게 붓고 강한 불로 끓인 뒤, 소금을 넣고 소송채를 줄기부터 넣어 살짝 데친다. 체에 밭쳐 식힌 다음, 지퍼백에 넣어 공기를 빼면서 지퍼를 닫아 냉장고에 보관한다.

냉장	냉동
3~4일	2주일

찬물에 넣어 식히지 않는다

소금에 데친 소송채는 찬물에 담그면 수분이 많아져 오래 보존하기 어렵다. 식히는 동안에도 남은 열에 소송채가 익기 때문에 데쳐서 바로 먹을 때보다 데치는 시간을 줄인다. 자르지 않아야 오래 보존할 수 있다.

응용 레시피는
65쪽

오이 (1개 사용)

• 소금 생강 무침 •

1개(100g)
→ 얇게 썬다

생강 ··· 1/2조각 분량
→ 강판에 간다
소금 ··· 1/3작은술

만드는 법

지퍼백에 오이를 넣은 뒤, 간 생강과 소금을 넣고 섞는다. 공기를 빼면서 지퍼를 닫아 냉장고에 보관한다.

냉장
3~4일

소금을 뿌린 뒤 세게 주무르지 않는다

소금을 넣고 너무 세게 주무르면 오이가 부서지므로 소금을 뿌리고 살짝 뒤적여 수분이 저절로 나오도록 한다. 오이에서 나온 수분과 함께 보존했다가 사용할 때 물기를 짜내자.

응용 레시피는
68~69쪽

그린 아스파라거스 (2개 사용)

· 익히기 ·

아스파라거스
2개 → 단단한 밑동 부분을 필러로 벗기
고 3등분 한다

소금 … 1꼬집

만드는 법
프라이팬에 아스파라거스를 넣은 뒤, 소금을 뿌리고 물 2큰술을 넣는다. 뚜껑을 덮고 중불로 2분 정도 익힌
다. 체에 밭쳐 식힌 뒤 보관용기에 넣어 냉장고에 보관한다.

냉장
3~4일

적은 양의 물로 짧은 시간에 익힌다

채소를 데칠 때 많은 양의 물을 끓이려면 시간이 걸린다. 프라이팬에 물을 조금 부어 가열하여 익히면 짧은 시간에 가능하다. 오래 보존할 수 있도록 물에 담가 놓지 않는다.

> 응용 레시피는
> 72~73쪽

부추 (1/4단 사용)

· 간장 절임 ·

부추
1/4단(25g)…잘게 썬다

A 간장 … 1과 1/2큰술
설탕 … 1작은술

만드는 법
A 를 섞은 뒤, 부추를 넣어 함께 버무린다. 보관용기에 넣어 냉장고에
보관한다.

냉장
1주일

자른 면에서 부추 고유의 맛이 스며 나온다

부추를 양념에 절이면 자른 면에서 부추의 맛이 배어 나온다. 절인 직후의 알싸한 맛, 시간이 지나 숙성된 후의 부드러운 맛, 둘 다 맛있다! 부추는 걸러내고 양념만 사용해도 좋다.

> 응용 레시피는
> 76~77쪽

셀러리 (1/2대 사용)

· 소금 레몬 무침 ·

5~6조각
→ 얇은 부채꼴썰기

1/2대(50g) → 섬유질을
벗겨내고 어슷썰기

소금 … 약간

만드는 법
지퍼백에 셀러리와 레몬을 넣고 소금을 뿌려 잘 섞는다. 공기를 빼면서 지퍼를 닫고 냉장고에 보관한다.

냉장
3~4일

익히지 않아도 좋은 상큼한 저장 채소

소금은 간을 하기 위해서가 아니고 셀러리를 부드럽게 하기 위해 넣는다. 너무 많이 뿌리면 소금 맛만 날 수 있으니 조금만 뿌린다. 레몬은 취향에 따라 양을 늘려도 좋다. 레몬 껍질은 소금으로 문질러 씻는다.

> 응용 레시피는
> 80~81쪽

양상추를 남김없이 사용하자!

샐러드에 자주 사용하는 재료지만 자른 면이 변색하면서 금방 시드는 채소이다.
남김없이 먹으려면 한 번에 많이 먹을 수 있는 레시피나 번뜩이는 아이디어 저장법을 활용해 보자.

메인 반찬으로도 손색 없는

미트소스를 끼얹은 구운 양상추

1/2개 사용

재료 [2인분]

양상추	1/2개(200g)
미트소스 통조림	150g
올리브오일	1큰술
치즈가루	적당량

만드는 법

1 심이 붙어 있는 양상추를 4등분 하여 자른다. 미트소스는 내열 용기에 붓고 전자레인지에 넣어 데운다.

2 프라이팬에 올리브오일을 두르고 중불로 달군 뒤, 양상추 자른 면을 아래로 향하도록 가지런히 놓는다. 강불로 양상추를 가볍게 누르면서 1분 정도 굽고 자른 면이 노릇해지면 뒤집어서 굽는다.

3 접시에 담고 미트소스를 끼얹은 후, 치즈가루를 뿌린다.

 **Advice**

살짝 눌러가며 노릇하게 굽는다
양상추는 가벼우므로 노릇하게 구울 때는 뒤집개나 집게로 누르면서 굽는다. 생으로 많은 양의 양상추를 먹기는 어려워도 굽고 나면 부피가 줄어 많이 먹을 수 있다.

조리시간
5분

54

1/4개 사용

요즘 대세인 가루 드레싱으로 버무린

양상추와 베이컨으로
만든 초간단 샐러드

재료 [2인분]

양상추	1/4개(100g)
베이컨	2장
Ⓐ 치즈가루	2큰술
치킨파우더	1/2작은술
소금, 마늘파우더	
	1/4작은술씩
굵은 흑후추	약간
크루통	10g

만드는 법

1 양상추는 한입 크기로 뜯어서 믹싱볼에 넣고 Ⓐ 를 뿌려서 접시에 담는다.

2 베이컨은 1cm 폭으로 썬다. 프라이팬에 베이컨을 넣고 중불로 노릇해질 때까지 구워 1에 끼얹는다.

조리시간 5분

데운 드레싱으로 만드는

따끈따끈한 잔멸치
드레싱을 끼얹은
양상추 샐러드

1/4개 사용

재료 [2인분]

양상추	1/4개(100g)
잔멸치	3큰술
중화 드레싱(시판)	1과 1/2큰술

만드는 법

1 양상추는 채 썰어 접시에 담는다.

2 작은 프라이팬에 잔멸치와 중화 드레싱을 넣고 섞으면서 중불로 끓인다. 끓어오르면 불을 끄고 1에 끼얹는다.

조리시간 5분

자투리 채소는 반찬거리로! 50쪽

양상추 오일 무침 응용 레시피

만드는 법은
50쪽 →

1/2개 사용

중국요리의 맛을 즐길 수 있는

양상추와 게맛살 우스터소스 볶음

재료 [2인분]

양상추 오일 무침 ·············· 1봉지
게맛살 ······················· 8개
ⓐ 맛술 ···················· 1큰술
　 우스터소스 ··········· 2작은술
　 소금, 후추 ············· 약간씩

만드는 법

1 게맛살은 적당한 크기로 찢는다. ⓐ
　 는 섞어 놓는다.
2 프라이팬에 양상추 오일 무침과 게
　 맛살을 넣고 강한 불에 살짝 볶는다.
　 ⓐ를 넣고 섞으면서 볶은 뒤, 그릇에
　 담는다.

Point!
무친 오일이 볶음용 기름을 대신한다
오일로 버무렸기에 볶을 때 기름이 따로 필
요 없다. 수지가공 프라이팬은 기름 없이 강
한 불로 볶으면 눌어붙으므로 재료를 넣고
나서 가열한다.

조리시간
5분

맛있어서 젓가락이 멈추지 않는

양상추와 김 샐러드

재료 [2인분]

양상추 오일 무침 ·············· 1봉지
간장 ······················· 1/2큰술
볶은 참깨, 구운 김 ········· 적당량

만드는 법

양상추 오일 무침 봉지에 간장, 참깨, 구
운 김을 부숴 넣고 골고루 양념이 묻도
록 섞은 뒤, 그릇에 담는다.

조리시간
5분

양상추 소금 절임 응용 레시피

만드는 법은
50쪽

1/2개 사용

도시락

조리시간
5분

물을 끓여 데칠 필요가 없는

양상추 무침

재료 [2인분]

양상추 소금 절임 ············ 1봉지
가다랑어포 ···················· 3g
멘쓰유(3배 농축) ········· 1작은술

만드는 법

1 양상추 소금 절임은 물기를 꼭 짜낸다.
2 가다랑어포, 멘쓰유를 넣고 버무려 그릇에 담
   는다.

속이 꽉 찬

양상추 샐러드 김밥

재료 [2인분]

양상추 소금 절임 ············1봉지
프로세스 치즈 ················ 25g
Ⓐ 참치 통조림(기름 제거) ··· 40g
   마요네즈 ············· 1/2큰술
따뜻한 밥(고슬고슬하게) ···· 250g
초밥 식초 ··········· 1과 1/2큰술
김밥용 김 ····················· 1장

조리시간
15분

도시락

만드는 법

1 양상추 소금 절임은 물기를 꼭 짜낸다. 프로세
   스 치즈는 김 폭과 같은 길이에 1cm두께로 봉
   모양으로 자른다. Ⓐ 는 섞는다.
2 믹싱볼에 밥과 초밥 식초를 넣고 섞는다. 김을
   깔고 끝 부분 1/5 정도를 남긴 뒤 밥을 골고루
   편 후 양상추, 치즈, Ⓐ 를 얹어 만든다.
3 물에 적신 칼로 김밥을 8조각 정도로 나누어 잘
   라 접시에 담는다. 기호에 따라 찍어 먹을 수 있
   게 간장을 곁들인다.

숙주나물을 남김없이 사용하자!

가격이 싸다는 점이 매력이지만 상하기 쉬워 자주 버리게 되는 채소이다.
보통 볶아서 먹지만 튀겨도 맛있다. 남으면 재빨리 저장채소로 만들어 둔다.

매콤한 맛이 밥을 부른다

칠리소스를 끼얹은 숙주나물 달걀 요리

1/2봉지 사용

재료 [2인분]

숙주나물 ············· 1/2봉지(125g)

A 달걀물 ··············· 2개 분량
　　소금, 후추 ············· 약간씩

B 물 ··················· 1/3컵
　　토마토케첩 ············· 2큰술
　　설탕 ················· 2작은술
　　두반장 ··············· 1/4작은술

전분물
··········· 전분 1작은술 + 물 2작은술

식용유 ················· 1큰술

조리시간
10분

Advice

숙주나물을 볶을 때는 강한 불로

숙주나물은 오래 볶으면 흐물흐물해지므로
강불로 재빨리 볶아야 한다. 조미료를 넣으
면 수분이 나오니
숙주나물에는 간을
하지 않고 나중에
소스를 끼얹었다.

만드는 법

1　믹싱볼에 **A**, **B**를 각각 섞는다.

2　프라이팬에 식용유를 두르고 중불로 달군 뒤, 숙주나물을 넣고
　　강불에 살짝 볶는다. **A**를 넣어 재빨리 볶아 접시에 담는다.

3　2의 프라이팬에 **B**를 넣어 강불로 끓인 뒤, 전분 푼 물을 풀어
　　걸쭉하게 만든 다음 2의 접시에 끼얹는다.

1/2봉지 사용

겉은 바삭바삭하고 속은 아삭아삭한

숙주나물 튀김

조리시간
10분

재료 [2인분]

숙주나물 ············ 1/2봉지(125g)
밀가루 ················· 2작은술
Ⓐ 밀가루, 물 ··········· 각 3큰술
튀김용 기름 ············· 적당량
소금 ···················· 약간

만드는 법

1 믹싱볼에 숙주나물을 넣고 밀가루를 뿌린다.

2 다른 믹싱볼에 Ⓐ를 섞고 1을 넣어 살짝 버무린다.

3 프라이팬에 튀김용 기름을 2cm 깊이로 붓고 180℃로 데운 뒤, 2를 1/6씩 차례로 넣는다. 튀김옷이 단단해지면 앞뒤로 뒤집어 가면서 4분~4분 30초 튀기고 기름기를 뺀다. 그릇에 담고 소금을 뿌린다.

Advice

밀가루를 뿌리면 숙주나물이 잘 뭉쳐진다
튀김옷을 입히기 전에 숙주나물에 밀가루를 뿌려 놓으면 잘 뭉쳐져 기름에 넣을 때 흐트러지는 일을 막을 수 있다. 튀김옷은 달걀 없이 밀가루와 물만 넣어 바삭바삭한 식감을 낸다.

자투리 채소는 반찬거리로! 51쪽

만드는 법은
51쪽

1/2개 사용

밥 반찬으로도 술안주로도 어울리는

튀긴 두부와 숙주나물 앙카케*

재료 [2인분]

숙주나물 멘쓰유 절임 ········ 전량	전분물 ·······························
튀긴 두부 ············· 1장(250g)	······ 전분 1/2작은술 + 물 1작은술
	식용유 ···················· 1/2큰술
	시치미도가라시**, 다진 생강 ·······
	································· 적당량

조리시간
5분

만드는 법

1 튀긴 두부는 절반으로 자른다. 프라이팬에 식용유를 두르고 중불로 달군 뒤, 튀긴 두부를 앞뒤로 노릇노릇하게 구워 접시에 담는다.

2 1의 프라이팬에 숙주나물 멘쓰유 절임을 국물과 함께 넣고 강한 불로 끓인다. 한소끔 끓고 나면 전분 푼 물을 넣고 걸쭉하게 만든 다음, 1에 끼얹는다. 시치미도가라시를 뿌리고 다진 생강을 곁들인다.

◆ 앙카케 あんかけ: 물이나 맛국물에 전분을 풀고 가열하여 걸쭉해진 소스를 뿌린 요리

◆◆ 시치미도가라시 七味とうがらし: 고추, 칠리 등의 일곱 가지 스파이스로 만든 가루. 국이나 우동 등에 넣어 먹기도 하고 고기나 생선구이에 뿌리기도 한다.

Point!

손쉽게 앙카케를 만들자
숙주나물 멘쓰유 절임에 전분물을 더해 앙카케를 만든다. 튀긴 두부는 반으로 잘라서 숙주나물 앙카케를 풍성하게 끼얹는다.

조리시간
5분

전자레인지로 편리하게

숙주나물과 완두새싹 무침

재료 [2인분]

숙주나물 멘쓰유 절임 ········ 전량	
완두새싹 ·····························	
········· 320g(손질된 것은 100g)	
가다랑어포 ················ 적당량	

만드는 법

1 완두새싹은 뿌리를 자르고 살짝 씻어서 내열 접시에 담는다. 랩을 헐겁게 덮고 전자레인지에 넣어 2분 30초 정도 가열한다.

2 믹싱볼에 물기를 뺀 완두새싹과 숙주나물 멘쓰유 절임을 넣고 버무려 그릇에 담은 뒤 가다랑어포를 뿌린다

만드는 법은 51쪽

1/2개 사용

미소의 깊은 맛이 살아나는
숙주나물과 연어를 넣은 미소 버터 밥

재료 [2인분]

숙주나물 미소 무침 ·········· 전량
연어 플레이크 ·············· 4큰술
따뜻한 밥 ·········· 2공기(400g)
쪽파 ···················· 5줄기
버터 ······················ 15g

만드는 법

1 숙주나물 미소 무침은 국물을 짜낸다.
2 믹싱볼에 1, 밥, 연어 플레이크, 잘게 썬 쪽파,
   버터를 넣고 섞는다.

> **Point!**
> **숙주나물에서 나온 물기는 꼭 짠다!**
> 숙주나물에서 나온 물기를 꼭 짜내야 밥이 질척해지지 않
> 는다. 미소의 맛이 의외로 버터와 잘 어울린다.

조리시간 5분

미소+참기름+마늘 향은 최고의 궁합!
숙주나물 중국식 무침

재료 [2인분]

숙주나물 미소 무침 ·········· 전량
오이 ···················· 1/2개
햄 ························ 2장
참기름, 다진 마늘 ········· 약간씩

만드는 법

1 숙주나물 미소 무침은 물기를 짜낸다. 오이,
   햄은 채 썬다.
2 1에 참기름, 다진 마늘을 넣고 버무린다.

> **Point!**
> **미소가 중국식 요리로 변신!**
> 미소에 참기름과 마늘을 더하면 감칠맛 나는 중국식
> 요리로 변신한다. 햄 대신 게맛살을 넣어도 좋다.

조리시간 5분

소송채를 남김없이 사용하자!

소송채는 영양이 풍부한 채소지만 시간이 지날수록 영양가는 손실되기 마련이다.
1포기를 다 사용하지 못할 듯하면 신선할 때 오일이나 소금을 이용해 '반찬거리'로 만들어 두면 좋다!

3/5다발 사용

익숙한 맛이지만 마늘 향을 더해 색다르다!

소송채와 옥수수 마늘 버터 볶음

재료 [2인분]

소송채	3/5다발(150g)
옥수수 통조림	190g
다진 마늘	1/2조각 분량
간장	1/2큰술
버터	10g

만드는 법

1 소송채는 5cm 길이로 자른다. 옥수수 통조림은 물기를 뺀다.

2 프라이팬에 버터를 넣고 중불로 달군 뒤, 마늘과 소송채를 넣고 볶는다. 숨이 죽으면 옥수수, 간장을 넣고 살짝 볶는다.

Advice

쓴맛을 제거하지 않고 볶아도 된다

소송채는 쓴맛이 적어서 데치지 않고 생으로도 먹을 수 있다. 살짝 볶아 아삭아삭한 식감을 살리면 좋다.

조리시간
5분

느끼하지 않고 뒷맛은 깔끔한

닭고기 소송채 두유 크림 찜

재료 [2인분]

소송채 ············· 3/5다발(150g)
닭다리살 ······· 큰 것 1장(300g)
소금, 후추 ·················· 약간씩
올리브오일 ·············· 1/2큰술
Ⓐ 물 ························· 1컵
　 치킨파우더 ·········· 1작은술
　 소금 ················ 1/4작은술
　 후추 ······················ 약간
Ⓑ 두유(무가당) ··········· 1컵
　 전분 ···················· 1큰술

만드는 법

1　소송채는 잘게 다진다. 닭고기는
　한입 크기로 썰어 소금, 후추를
　뿌려둔다.

2　프라이팬에 올리브오일을 두르
　고 중불로 달군 뒤, 닭고기 껍질
　을 아래로 하여 노릇해질 때까지
　5~6분 동안 굽는다.

3　소송채를 넣고 살짝 볶다가 Ⓐ를
　넣고 섞은 뒤 뚜껑을 덮고 5분 정
　도 익힌다. Ⓑ를 섞어서 부어 걸
　쭉하게 만든다.

3/5다발 사용

 **Advice**

전분을 사용하여 손쉽게 만드는 크림 찜
버터나 밀가루를 사용하지 않고 물에 푼 전
분으로 걸쭉하게 만들면 채소의 맛을 살린
산뜻한 뒷맛을 즐길 수 있다. 조리시간이 짧
아 채소의 식감도 살아있다.

조리시간
15분

자투리 채소는 반찬거리로! 52쪽

소송채 오일 코팅 응용 레시피

만드는 법은
52쪽

2/5다발 사용

바쁜 아침 시간에도 뚝딱 만들어 내는
소송채 즉석 수프

재료 [2인분]

소송채 오일 코팅 ············· 전량
대파 ······················· 1/5뿌리
A 치킨파우더 ········· 1작은술
　　소금 ·············· 1/4작은술
　　간장 ················· 약간
볶은 참깨 ················· 적당량

만드는 법

1 대파는 잘게 썬다.
2 그릇에 소송채 오일 코팅, 1, **A**를 넣은 뒤, 끓
　는 물을 1컵씩 붓고 참깨를 뿌린다.

> **Point!**
> **끓는 물을 붓는 것만으로 즉석 수프가 된다**
> 데쳐서 오일 코팅했으니 여기서는 끓는 물을 붓기만 하면
> 된다. 햄을 넣어도 맛있다.

조리시간
5분

도시락 조리시간 5분

사이드메뉴에 어울리는 부드러운 맛
소송채와 명란젓
전자레인지 볶음

재료 [2인분]

소송채 오일 코팅 ············· 전량
명란젓 ················· 1/4개(20g)

만드는 법

내열 믹싱볼에 소송채 오일 코팅, 명란젓을 넣고 풀
어 살짝 버무린다. 랩을 헐겁게 덮어 전자레인지에
서 1분 30초 정도 가열한다.

> **Point!**
> **전자레인지로 간편한 볶음을**
> 소송채는 오일 코팅했으니 전자레인지에 넣고 가열하기만
> 해도 볶음 요리가 된다.

데친 소송채 응용 레시피

 만드는 법은
52쪽

2/5다발 사용

먹기 좋게 말아서 구우면 완성!

소송채 베이컨 말이

재료 [2인분]

데친 소송채 ·················· 전량
베이컨 ······················· 2장
식용유 ······················· 약간

만드는 법

1 베이컨은 길이를 절반으로 자른다. 데친 소송채
   는 6cm 길이로 자른다. 베이컨으로 소송채 자
   른 것을 말아 이쑤시개로 고정한다.
2 프라이팬에 식용유를 두르고 중불로 달군 뒤, 1
   을 굴리면서 굽는다.

> **Point!**
> **다른 재료로 말아도 좋다**
> 베이컨 외에 얇게 썬 돼지고기로 말아도 된다. 그럴 때는 불
> 고기 양념으로 간을 하면 좋다.

도시락

조리시간
5분

손쉽게 만드는 영양 만점 반찬

소송채 낫토 무침

재료 [2인분]

데친 소송채 ·············· 전량   간장 ··················· 약간
낫토 ······················ 2팩   김 ····················· 적당량
낫토에 들어 있는 양념 ······ 2봉지

만드는 법

1 데친 소송채는 2cm 길이로 자른다.
2 믹싱볼에 낫토와 낫토에 들어있는 양념, 간장을 넣고
   섞은 뒤, 1을 넣어 버무린다. 그릇에 담아 잘게 자른
   김을 얹는다.

> **Point!**
> **더 다채로운 맛을 원한다면 버섯을 넣어도 좋다**
> 소송채와 낫토는 칼슘이 풍부한 환상의 콤비다. 팽이버섯이나 만가닥
> 버섯이 있다면 살짝 데쳐서 함께 넣어도 좋다.

조리시간
5분

오이를 남김없이 사용하자!

생식이 기본인 오이는 한 봉지를 다 먹기도 전에 질리기 쉽다. 두드리거나 강판에 가는 등
새로운 아이디어로 다양한 요리에 도전해보자! 저장은 응용하기 쉬운 소금 절임으로.

2개 사용

깔끔한 맛이지만 활력에 좋은

돼지고기 샤브샤브와
두드린 오이 샐러드

재료 [2인분]

오이 ····························· 2개
돼지고기(샤브샤브용) ········ 120g
붉은 양파(없으면 양파) ······ 1/4개
소금 ···························· 약간
Ⓐ 간장 ················ 2작은술
　 식초 ················ 1/2큰술
　 다진 생강 ······· 1/2조각 분량
　 참기름 ·········· 1과 1/2큰술

만드는 법

1　오이는 반죽 밀대로 두드려 먹기 좋
　게 자른다. 붉은 양파는 채 썬다.

2　냄비에 물을 끓여 소금을 넣은 뒤 돼
　지고기를 넣어 익힌다. 다 익으면 체
　에 밭쳐 식힌다.

3　믹싱볼에 Ⓐ를 넣고 섞은 뒤, 1과 2
　를 넣어 버무린다.

Adivice

오이를 두드려 자르면 간이 배기 쉽다!
오이는 칼로 자르기보다 두드려 자르는 것이
편하다. 버무릴 때도 잘린 면의 표면적이 넓
어 양념이 잘 스며든다.

**조리시간
10분**

조리시간
10분

2개 사용

입맛 없을 때 딱 좋은 상큼한 맛

강판에 간 오이와 참치를 끼얹은 우동

재료 [2인분]

오이 ···························· 2개
참치 통조림 ················· 80g
냉동 우동 ··············· 2봉지
Ⓐ 멘쓰유(3배 농축) · 3과 1/2큰술
│ 레몬즙 ··············· 1/2큰술
│ 찬물 ·················· 1/2컵

만드는 법

1 오이는 강판에 갈아 체에 받쳐 물기를 뺀다. 참치 통조림은 국물을 따라낸다. 우동은 전자레인지에서 표시된 대로 가열하여 찬물에 담갔다가 물기를 뺀다.

2 믹싱볼에 1을 넣고 버무려 그릇에 담은 뒤, 섞어 둔 Ⓐ를 끼얹는다.

Adivice

두루두루 사용되는 강판에 간 오이
수분이 많은 오이는 무와 비교하면 갈기도 쉬울 뿐 아니라 갈고 난 후의 색도 산뜻하다. 1인분에 1개 정도는 거뜬히 소비한다.

자투리 채소는 반찬거리로! 52쪽

오이 소금 생강 무침 응용 레시피

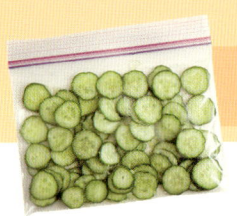

만드는 법은
52쪽

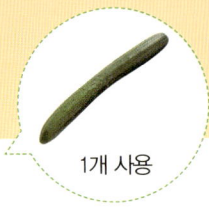

1개 사용

부드러운 단촛물의 배합이 절묘한

미역과
오이 생강 초무침

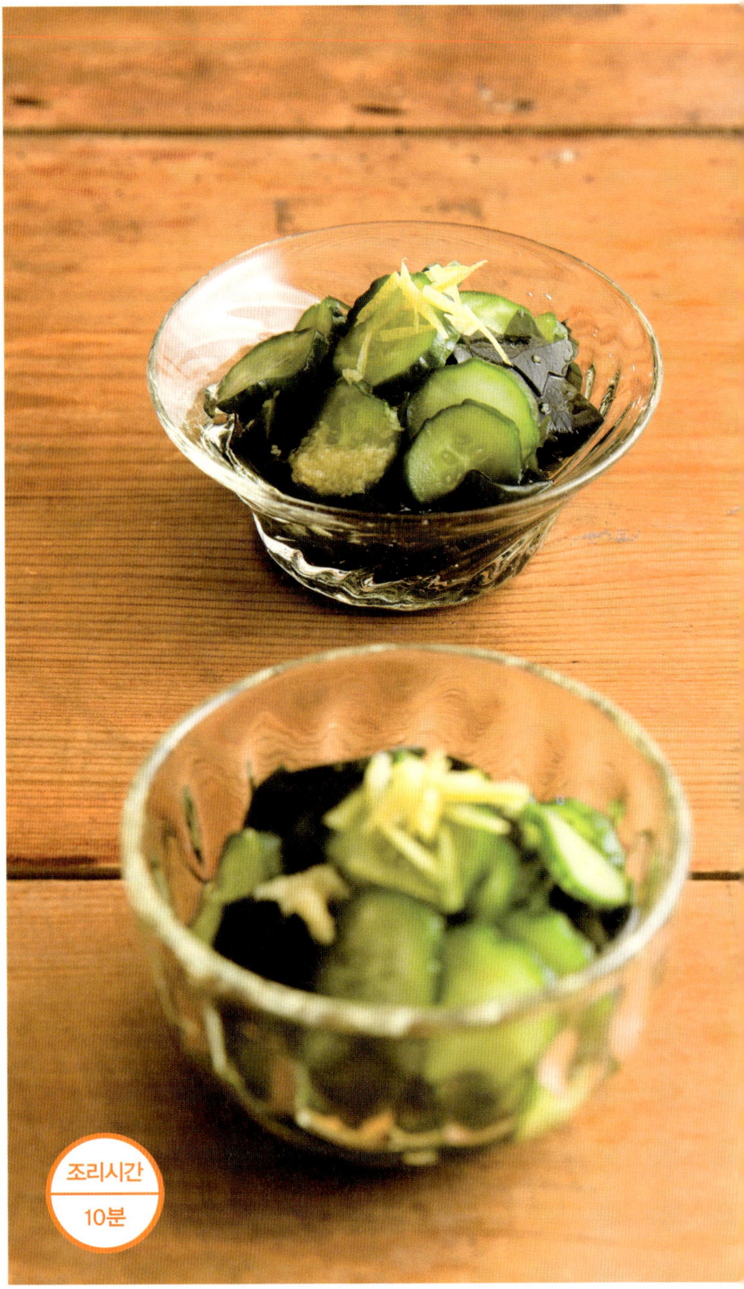

조리시간
10분

재료 [2인분]

오이 소금 생강 무침 ··········· 전량
마른 미역 ······················ 1큰술
Ⓐ 맛국물, 식초 ·········· 1큰술씩
설탕 ··················· 1/2큰술
간장 ··················· 1작은술

만드는 법

1 오이 소금 생강 무침은 물기를 짠다. 미역은 넉넉한 물에 5분 정도 담가서 불린 뒤, 물기를 뺀다.

2 믹싱볼에 Ⓐ를 넣어 섞은 다음, 1을 넣어 버무린다. 그릇에 담고, 채 썬 레몬 껍질을 조금 뿌린다.

Point!

맛국물을 넣어 초절임을 싫어하는 사람도

맛국물을 넣어서 신맛을 싫어하는 사람도 좋아할 만한 초절임을 만들어 보자. 양을 늘리고 싶으면 햄이나 맛살을 넣어도 좋다.

닭고기 통조림으로 손쉽게 만드는

초간단 마제스시*

재료 [2인분]

오이 소금 생강 무침	전량
양하**	2개
닭고기 통조림(양념)	85g
볶은 참깨	1과 1/2큰술
따뜻한 밥	2공기(400g)
초밥 식초	1과 1/2큰술

만드는 법

1 오이 소금 생강 무침은 물기를 짜낸다. 양하는 잘게 다진다. 닭고기 통조림은 물기를 뺀다.

2 믹싱볼에 밥을 넣고 초밥 식초, 1, 볶은 참깨를 넣고 전체를 골고루 섞는다.

> **Point!**
> **새콤함과 달콤함의 절묘한 조화**
> 오이 소금 생강 무침은, 달콤한 재료나 새콤한 초밥과 절묘하게 잘 어울린다. 닭꼬치 통조림 대신 양념 장어구이를 잘게 썰어 넣어도 맛있다.

도시락

조리시간
5분

◆ 마제스시 混ぜ寿司: 초밥에 여러 가지 재료를 섞어 먹는 밥

◆◆ 양하 茗荷: 생강과 비슷한 독특한 맛과 향을 내는 채소. 제주도에서는 양애라고도 부른다.

그린 아스파라거스를 남김없이 사용하자!

신선도가 떨어지면 줄기가 질겨지므로 빨리 먹어야 한다.
양이 많다면 신선하고 부드러울 때 데쳐둔다.

3개 사용

마늘과 참기름으로 중국요리의 맛을

오징어와
아스파라거스 소금 볶음

재료 [2인분]

그린 아스파라거스 …………… 3개
냉동 오징어(몸통) ………… 200g
다진 마늘 ………… 1/2조각 분량
Ⓐ 맛술 ………………… 1큰술
　소금, 굵은 흑후추 …… 약간씩
식물성기름 …………… 1/2큰술

만드는 법

1　아스파라거스는 밑동의 단단한 부분
　을 필러로 벗기고 5cm 길이로 어슷
　하게 썬다. 오징어는 해동하여 가로
　세로로 가늘게 칼집을 넣고 한입 크
　기로 썰어 물기를 닦는다.

2　프라이팬에 기름, 마늘을 넣고 중불
　로 가열하다 마늘 향이 나기 시작하
　면 오징어와 아스파라거스를 넣어 2
　분 정도 볶는다. 오징어가 익으면 Ⓐ
　를 넣어 함께 볶는다.

**조리시간
10분**

Advice

밑동도 껍질을 벗겨서 먹자
밑동의 단단한 부분을 많이 잘라내면 아깝다.
가장 단단한 부분 1cm 정도만 잘라내 버리고,
껍질을 필러로 벗겨내면 그리 질기지 않다.

조리시간
10분

3개 사용

멘쓰유가 배어들어 맛을 더하는

구운 아스파라거스와 어묵 절임

재료 [2인분]

그린 아스파라거스 ············ 3개
구멍어묵 ···················· 3개
Ⓐ 멘쓰유(3배 농축) ······· 1큰술
　 물 ····················· 4큰술
식용유 ···················· 1작은술
가다랑어포 ················· 적당량

만드는 법

1　아스파라거스는 밑동의 단단한 부분을 필러로 벗기고 절반으로 자른다. 구멍어묵은 세로로 반을 가른다.

2　그릇에 Ⓐ를 넣고 섞는다.

3　프라이팬에 식용유를 두르고 중불로 달군 뒤, 1을 넣는다. 굴리면서 노릇노릇하게 굽고 나서 뜨거울 때 2에 담근다. 그릇에 담고 가다랑어포를 뿌린다.

Advice

데치지 않고 구워도 맛있다!
아스파라거스는 보통 소금을 넣고 데치지만 구워도 맛있다. 고소한 맛이 더해지면서 단맛도 강해진다. 빨리 익어 시간도 절약된다.

자투리 채소는 반찬거리로! 53쪽

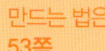

만드는 법은
53쪽

2개 사용

달걀이 수플레처럼 폭신폭신한

아스파라거스
코코트˚키슈˚˚

재료 [2인분/지름 7.5cm 코코트 2개분]

익힌 아스파라거스 ·········· 전량

A 달걀물 ············· 2개 분량
우유 ················· 5큰술
치즈가루 ········ 1과 1/2큰술
후추 ················· 약간

만드는 법

1 익힌 아스파라거스는 잘게 썬다.

2 믹싱볼에 **A**를 넣어 섞고 1을 더해 살짝 버무린다. 코코트에 담아 오븐 토스터에 넣고 12~13분 굽는다.

— Point! —

타지 않게 폭신하게 굽기

따끈따끈할 때 먹으면 맛있는 껍질 없는 키슈다. 폭신하게 부풀면 완성됐다는 신호니 도중에 탈 것 같으면 쿠킹 포일을 살짝 덮는다.

조리시간
15분

도시락

◆ 코코트 cocotte: 도자기로 만든 소형 내열 그릇

◆◆ 키슈 quiche: 파이 위에 치즈, 채소, 어패류, 햄과 같은 소를 얹고 달걀과 우유로 만든 소스를 뿌려 구운 요리

조리시간
10분

오픈 샌드위치를 간단하게 즐기는

아스파라거스와 베이컨 타르틴느 ˙

재료 [2인분]

익힌 아스파라거스	전량
바게트	6cm
베이컨	2장
마요네즈	적당량
굵은 흑후추	약간

만드는 법

1 익힌 아스파라거스는 세로로 반을 가른다. 바게트는 1.5cm 폭으로 4등분 해서 어슷하게 자른다. 베이컨은 5mm 폭으로 자른다.

2 바게트에 베이컨, 아스파라거스를 같은 양으로 나눠 얹은 뒤, 마요네즈를 뿌린다. 오븐 토스터에 넣어 바게트가 노릇하게 색이 날 때까지 6~7분 정도 굽는다. 그릇에 담고 흑후추를 뿌린다.

Point!

살짝 굽기만 해도 OK!
아스파라거스는 익혔으므로 빵에 올려 살짝 굽기만 해도 충분하다. 마요네즈를 사진과 같이 가늘게 뿌릴 때는 튜브를 재빨리 움직이는 것이 요령이다.

◆ 타르틴느 tartine: 얇게 자른 빵 위에 여러 가지 재료를 얹은 프랑스식 오픈 샌드위치

73

부추를 남김없이 사용하자!

부추는 시간이 지나면 잎부터 흐물흐물해지니 신선할 때 저장채소로 만들어 놓으면 좋다. 금방 익으니 스피드 요리에도 적합한 채소이다.

3/4단 사용

반찬으로도 간식으로도 좋은

부추 달걀부침

재료 [2인분]

부추	3/4단(75g)
달걀	3개
소금, 후추	약간씩
식용유	1큰술

만드는 법

1 부추는 5cm 길이로 자른다. 믹싱볼에 달걀을 풀고 소금과 후추를 넣고 섞은 뒤, 부추를 넣어 섞는다.

2 프라이팬에 식용유를 두르고 중불로 달군 뒤, 1을 흘려 넣는다. 반죽을 대강 펼쳐 익히다가 반쯤 익으면 프라이팬 전체에 펼쳐 굽는다.

3 앞뒤로 뒤집어 가면서 구운 뒤, 먹기 편한 크기로 잘라서 접시에 담는다.

 **Advice**

부추의 밑동은 잘라내자

부추는 밑동까지 먹을 수 있지만, 이 레시피와 같이 살짝 익히는 요리에 사용할 때는 잘 익지 않는 밑동을 잘라낸다. 완전히 익힐 때는 밑동을 사용해도 좋다.

조리시간
10분

조리시간
15분

3/4단 사용

부추를 넣어 파릇한 색상을 즐기자

부추를 얹은 돼지고기 두부찜

재료 [2인분]

부추 ···································· 3/4단(75g)
돼지고기 ································ 150g
부침용 두부 ···················· 1모(300g)
Ⓐ 물 ··························· 1과 1/2컵
  간장 ······················· 3큰술
  맛술, 미림, 설탕 ··············
  ····················· 1과 1/2큰술씩
고춧가루 ·························· 약간

만드는 법

1 부추는 7~8cm 길이로 자른다.
  두부는 크게 손으로 잘라 키친타
  월로 물기를 제거한다.

2 프라이팬에 Ⓐ를 넣어 섞은 뒤,
  강불로 끓인다. 한소끔 끓고 나
  면 잘게 썬 돼지고기를 넣고, 다
  시 끓어오르면 거품을 걷어낸다.
  두부를 넣고 오토시부타를 덮어
  약불로 6~7분 끓인다.

3 부추를 넣어 살짝 익힌다. 그릇에
  담고 고춧가루를 뿌린다.

Advice

부추를 넣고 나서는 살짝만 익힌다
부추는 남은 열로도 익는 채소다. 선명한 색
을 남기려면 오랜 시간 익히는 것은 금물이
다. 재료가 골고루 익을 수 있게 두부와 고기
는 냄비 가장자리로 몰아 재료 전체에 국물
이 스며들게 하자.

자투리 채소는 반찬거리로! 53쪽

만드는 법은
53쪽

1/4단 사용

전자레인지에서 익힌 닭고기에 끼얹기만 하면 완성

부추 간장을 끼얹은 닭찜

재료 [2인분]

부추 간장 절임 ················ 전량
닭가슴살(껍질 제외) ··············
·············· 작은 것 2장(350g)
소금 ····················· 1/3작은술
후추 ························· 약간
맛술 ························· 1/2큰술

만드는 법

1 내열 용기에 닭가슴살을 겹치지 않
   게 놓고 소금, 후추를 뿌린 뒤, 맛술
   을 골고루 뿌린다. 랩을 헐겁게 덮어
   전자레인지에 넣고 3분 가열한 다음,
   뒤집어 3분 30초 정도 가열한다. 랩
   을 덮은 채로 뜨거운 김을 식힌다.
2 얇게 썰어 접시에 담고 부추 간장 절
   임을 얹는다.

Point!

닭고기를 전자레인지에서 맛있게 익히자
닭고기를 전자레인지에서 익힐 때는 대파의
초록색 부분이나 생강 껍질을 얹으면 한층
맛있다.

조리시간
10분

부추 간장이 조미료와 고명으로

돼지고기
부추 볶음밥

재료 [2인분]

부추 간장 절임	전량
다진 돼지고기	120g
따뜻한 밥	2공기(400g)
후추	약간
식용유	1/2큰술
베니쇼가♦	적당량

조리시간
5분

만드는 법

1 부추 간장 절임은 국물을 절반 정도 짜낸다.

2 프라이팬에 식용유를 두르고 중불로 달군 뒤, 다진 돼지고기를 풀어가면서 볶는다. 고기의 색이 변하면 밥을 넣고 고슬고슬할 때까지 볶아 1, 후추를 넣고 섞는다.

3 그릇에 담고 베니쇼가를 곁들인다.

Point!

부추가 숨이 죽지 않게 재빨리 볶는다
부추가 생생해야 맛있으므로 재빨리 볶는다.
볶으면 간장에서 고소한 맛이 난다.

♦ 베니쇼가 紅生姜: 붉은 차조기 잎으로 물을 들여 채 썬 생강 절임

셀러리를 남김없이 사용하자!

셀러리는 많은 양을 넣는 레시피가 적어 1대를 사도 남기 십상이다.
절반은 처음부터 '반찬거리'로 만들어 두자. 줄기뿐만 아니라 잎도 먹을 수 있는 레시피를 소개한다.

1/2대 사용

채소는 셀러리만으로 충분!

소금으로 간 한
셀러리 볶음 국수

재료 [2인분]

셀러리	1/2대(50g)
셀러리 잎	10g
중화면*	2봉지
굵게 다진 마늘	1조각 분량
Ⓐ 넘플라**	1과 1/2큰술
맛술	1큰술
굵은 흑후추	약간
식용유	1/2큰술
레몬	적당량

조리시간
10분

만드는 법

1 셀러리는 질긴 섬유질을 벗겨내고 5cm 길이로 잘라 세로로 채 썬다. 잎은 2cm 정도 길이로 뜯어둔다.

2 내열 용기에 중화면을 얹고 랩을 헐겁게 덮어 전자레인지에서 2분 정도 가열한 뒤 면을 푼다.

3 프라이팬에 식용유, 마늘을 넣고 중불로 가열해 마늘 향이 나기 시작하면 2를 넣고 볶는다. Ⓐ와 1을 넣은 뒤, 재빨리 볶아 그릇에 담고 레몬을 곁들인다.

Advice

셀러리의 질긴 섬유질은 손으로 제거한다!
생으로 먹을 때는 셀러리의 질긴 섬유질을 꼼꼼하게 벗겨내자. 밑동의 섬유질 부분을 손톱으로 긁어내 손가락으로 잡고 당기면 된다. 얇게 어슷썰기 하면 아삭아삭하다.

◆ 중화면: 간수를 사용한 면으로, 면발이 쫄깃해서 일본식 볶음면이나 라면에 많이 쓰인다.
◆◆ 넘플라 num pla: 태국 조미료의 일종으로 작은 물고기를 소금에 절여서 발효시킨 생선 간장

조리시간
5분

셀러리의 개성에 밀리지 않는 진한 맛

셀러리와 가리비를 넣은 마요네즈 폰즈 샐러드

1/2대 사용

재료 [2인분]

셀러리	1/2개(50g)
셀러리 잎	10g
삶은 가리비 통조림	70g
Ⓐ 마요네즈	1/2큰술
폰즈	1/2작은술
소금, 후추	약간씩

만드는 법

1 셀러리는 질긴 섬유질을 벗겨내고 얇게 어슷썰기 한다. 잎은 2cm 길이로 뜯는다. 삶은 가리비 통조림은 국물을 가볍게 따라낸다.

2 믹싱볼에 Ⓐ를 넣고 섞은 뒤, 1을 넣어 무친다.

Advice

셀러리 잎을 버리지 않고 넣어 향긋하다
셀러리 잎을 볶으면 레몬이나 넘플라의 향과 잘 어울려 셀러리를 싫어하던 사람도 부담 없이 즐길 수 있다. 잎은 섬유를 따라 뜯어 아삭한 식감을 살리자.

자투리 채소는 반찬거리로! 53쪽

만드는 법은
53쪽

1/2대 사용

맛있고 몸에도 좋은 건강 레시피

모시조개와 셀러리를 넣은 에스닉 수프

재료 [2인분]

셀러리 소금 레몬 무침	전량
모시조개	150g
Ⓐ 물	2컵
넘플라	1큰술
치킨파우더	1/2작은술
소금, 후추	약간씩
고수	적당량

만드는 법

1 해감한 모시조개는 껍질을 비벼 씻는다.
2 냄비에 Ⓐ를 넣은 뒤, 끓으면 모시조개를 넣는다. 다시 끓어오르면 거품을 걷어내고 모시조개의 입이 벌어질 때까지 더 끓인다. 국물을 뺀 셀러리 소금 레몬 무침을 넣고 섞는다.
3 그릇에 담고 고수를 곁들인다.

조리시간 10분

Point!

거품을 걷어내 부드러운 수프로
깨끗한 맛을 내는 투명한 국물을 만들기 위해서 모시조개에서 나온 거품을 꼼꼼히 걷어내자. 셀러리 소금 레몬 무침을 살짝 데우는 정도로 익히는 샐러드 느낌의 수프다.

잎도 국에 넣어 먹자!
셀러리 잎과 무청을 넣은 맑은장국

재료 [만들기 쉬운 분량]

셀러리 잎	3g
셀러리 대	가는 부분 4~5개
무청	3cm 분량
Ⓐ [물	2컵
치킨파우더	1/2작은술
소금	1/4작은술
간장, 참기름	약간씩]

만드는 법

1 셀러리 잎을 대충 손으로 뜯어 놓는다. 셀러리 대는 가늘게 썰고 무청은 잘게 썬다.
2 냄비에 Ⓐ를 넣고 불을 켜, 끓기 시작하면 1을 더해 살짝 익힌다.

조리시간
5분

영양만점 브런치를 간단하게

셀러리와 연어를
넣은 베이글 샌드위치

재료 [2인분]

셀러리 소금 레몬 무침	전량
훈제연어	8장
크림치즈	30g
베이글	2개
굵은 흑후추	약간

만드는 법

1 베이글을 절반으로 가르고 상온에 두
   어 부드럽게 녹은 크림치즈를 한쪽
   면에 바른다.

2 물기를 짜낸 셀러리 소금 레몬 무침
   은 훈제연어와 함께 1에 절반씩 얹어
   후추를 뿌리고 베이글로 덮는다.

Point!

채소의 향으로 생선 비린내를 제거한다
훈제연어의 비린내를 없애기 위해 향이 짙은
셀러리 소금 레몬 무침을 곁들인다. 크림치즈
와도 잘 어울린다.

81

자투리 채소로 도시락 반찬 만들기

자투리 채소는 도시락 반찬으로 만들 때 요긴하다.
도시락에 다채로움을 더해주는 색깔별 요리를 소개한다.

● 아스파라거스 페페론치노풍

재료 [1인분]

그린 아스파라거스 · 2개(40g)
올리브오일 ·········· 약간
다진 마늘 ··········· 약간
잘게 썬 붉은 고추 ······ 약간
소금, 후추 ·········· 약간씩

만드는 법

1 아스파라거스는 밑동의 단단한 부분을 필러로 벗기고 4cm 길이로 어슷하게 썬다.
2 프라이팬에 올리브오일, 마늘을 넣고 중불로 가열한다. 마늘 향이 나기 시작하면 아스파라거스와 붉은 고추를 넣고 볶는다. 소금과 후추로 간을 한다.

● 당근 참치 긴피라

재료 [1인분]

당근 ············· 1/4개(40g)
참치 통조림 ········· 20g
식물성기름 ·········· 약간
Ⓐ 소금, 후추, 미림
············ 1/2작은술씩
설탕 ··········· 약간
시치미도가라시 ········ 약간

만드는 법

1 당근은 반달 모양으로 얇게 썰고 참치 통조림은 기름을 따라낸다.
2 프라이팬에 식물성기름을 두르고 중불로 달군 뒤, 당근을 볶는다. 당근이 숨이 죽으면 참치를 넣고 함께 볶다가, Ⓐ를 넣어 국물이 졸아들 때까지 볶는다. 시치미도가라시를 뿌려 마무리한다.

● 단호박과 옥수수 차킨즈쓰미*

재료 [1인분]

옥수수 통조림 ········ 1큰술
단호박 ··········· 60g
Ⓐ 우유 ·········· 약간
소금, 후추 ······· 약간씩

만드는 법

1 단호박은 랩에 싸서 전자레인지에 넣고 2분 정도 가열한다. 껍질은 남긴 채 숟가락으로 과육을 파내 믹싱볼에 넣고 Ⓐ와 국물을 따라낸 옥수수를 넣은 뒤 섞는다.
2 랩에 1을 얹고 주머니로 싸듯이 오므려 입구를 단단히 비튼다.

◆ 차킨즈쓰미 茶巾包み : 부드러운 소 상태로 만든 음식을 보자기에 꼭 싸서 오므린 자국이 나도록 만든 요리

● 순무 우메보시* 무침

재료 [1인분]

순무 ············· 1/2개(40g)
우메보시 ············ 1/2개
소금 ············· 약간

만드는 법

1 순무는 잎을 잘라내고 껍질을 벗겨 얇게 부채꼴썰기 한다. 잎은 잘게 썬다. 우메보시는 씨를 빼내고 잘게 썬다.
2 믹싱볼에 순무와 잎을 넣고 소금을 뿌린 뒤, 살짝 섞어 5분 정도 둔다. 물기를 짜내고 썰어 둔 우메보시를 뿌린다.

◆ 우메보시 梅干し : 매실을 소금에 절여서 만든 일본의 전통요리

●● 만가닥버섯과 가지 케첩소스 볶음

재료 [1인분]

만가닥버섯 ····· 1/4봉지(25g)
가지 ··········· 1/2개(40g)
올리브오일 ·········· 약간
Ⓐ 토마토케첩 ······ 1작은술
우스터소스, 물 ·········
············ 1/2작은술씩

만드는 법

1 만가닥버섯은 밑동을 잘라내고 작은 송이로 나눈다. 가지는 통썰기 해서 물에 5분 정도 담가뒀다 물기를 뺀다.
2 프라이팬에 올리브오일을 두르고 중불로 달군 뒤 가지를 겹치지 않게 놓고 양면이 노릇해질 때까지 굽는다. 만가닥버섯을 넣고 함께 볶다가 Ⓐ로 간을 한다.

Chapter 3

4~6일 이내에 조리하는 것이 좋다!
사 두고 깜빡 잊어버리기 쉬운 채소

토마토, 브로콜리, 단호박 등은 며칠은 둬도 괜찮은 채소
입니다. 하지만 바빠서 냉장고에 넣어둔 채 잊어버린다든
지 샐러드에 사용하고 난 나머지를 그냥 두면 어느새 시들
어 못 쓰게 돼버립니다. 무치거나 절이는 간단한 저장법으
로 남김없이 사용합시다!

'반찬거리'로 만들어 저장하자!

토마토 (1개 사용)

토마토 1개(150g) →
1cm 크기로 깍둑썰기

양파 1/4개 → 다지기

Ⓐ 올리브오일 … 1큰술
레몬즙 … 2작은술
소금 … 1/4작은술
후추 … 약간
타바스코 … 약간

냉장
3~4일

**국물을 이용해 응용의 폭을
넓히자**

양파와 레몬즙의 새콤한 맛과 타
바스코의 매운맛이 조화를 이룬
살사풍 '반찬거리'는 요리에 악
센트를 준다. 국물을 소스처럼
사용해도 OK! 다양한 메뉴에 활
용할 수 있다.

만드는 법

보관용기에 토마토를 넣은 뒤 양파, Ⓐ를 넣고 함께
버무려 냉장고에 보관한다.

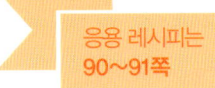

응용 레시피는
90~91쪽

84

토마토, 가지, 브로콜리…등, 이 장에 나오는 채소는 양상추나 숙주나물보다는 오래가지만 방심하면 냉장고 안에서 시들어버리는 채소이다.
절이고 무치는 등의 간단한 저장법을 익혀 남김없이 사용한다!

가지 (1개 사용)

냉장
3~4일

세로로 껍질을 벗겨야 껍질이 가열 시 찢어지는 것을 막을 수 있다!

껍질을 벗기지 않고 전자레인지에 넣어 가열하면 껍질이 찢어진다. 껍질을 1~2cm 폭으로 3~4곳 세로로 벗긴다. 미소나 멘쓰유, 향신료 등과 잘 어울려 어떤 반찬으로든 만들 수 있다!

• 전자레인지 찜 •

가지 1개(100g)
→ 그림과 같이 세로로 껍질을 벗기고 꼭지를 잘라낸다

만드는 법

1 세로로 껍질을 벗긴 가지는 랩으로 싸 전자레인지에서 1분 30초 정도 가열한다.
2 랩에 싼 채 식힌 뒤, 새로운 랩으로 다시 감싸 보관용기에 넣어 냉장고에 보존한다. 사용하기 전에 물기를 닦는다.

응용 레시피는 94~95쪽

브로콜리 (1/2개 사용)

냉장	냉동
3~4일	2주일

적은 양의 물만 넣고 프라이팬에서 볶듯이 데쳐낸다. 익힌 다음 물에 헹구지 않는다.

브로콜리는 수분이 많아지면 보관기간이 짧아진다. 익힌 다음 체에서 물기를 빼고 그대로 식힌다. 한 번 익혔으니 요리에 사용할 때는 손쉽고 빠르게 조리할 수 있다!

• 데치기 •

송이
→ 먹기 좋은 크기로 썬다

대
→ 껍질을 벗겨 둥글게 썬다

소금…약간

만드는 법

1 프라이팬에 브로콜리를 넣고 소금을 뿌린 뒤, 물 1/3컵을 붓는다. 뚜껑을 덮고 중불로 3분 정도 익힌다.
2 체에 받쳐 식힌 다음, 보관용기에 넣어 냉장고에 보관한다.

응용 레시피는 98~99쪽

 **단호박 (1/8개 사용)**

응용 레시피는
102~103쪽

껍질

단호박 1/8개(200g)

• 카레 매시* •

카레가루 … 1/2작은술

냉장 **3~4일** / 냉동 **2주일**

껍질을 따로 보관하면 활용도가 높아진다

껍질을 버리지 말고 다른 용기에 보관해 두었다 활용하자. 삶아서 부드럽게 으깬 단호박의 색과 식감을 모두 살리는 레시피에서는 껍질 없이, 그밖의 요리에는 껍질을 넣어서 사용한다. 남으면 냉동한다.

만드는 법

1 내열 접시에 단호박 껍질을 아래로 향하게 놓은 뒤, 랩을 헐겁게 싸서 전자레인지에 넣고 4분 정도 가열한다.
2 포크로 껍질은 떼어내고 과육은 믹싱볼에 넣어 으깬다. 카레가루를 넣고 섞은 뒤, 보관용기에 담는다. 껍질은 잘게 썰어 다른 보관용기에 담아둔다.

◆ 매시 mash: 삶아서 부드럽게 으깬 음식

양배추(1/4통 사용)

• 허니 코울슬로 •

양배추
1/4통(250g)
→ 채썰기(심 제거)

냉장 **5일**

짧고 굵게 채 썰어 먹기 좋게

7~8mm 굵기로 채 썰어 아삭아삭한 식감을 살리고, 길이는 먹기 편하게 4~5cm로 약간 짧게 썬다. 새콤달콤한 맛이 절묘해 그대로 먹어도 맛있다!

만드는 법

Ⓐ 를 섞어 양배추와 버무린다. 보관용기에 담아 냉장고에 보관한다.

Ⓐ [올리브오일 2큰술, 꿀 1작은술, 화이트와인비니거(없으면 식초) 1큰술, 소금 1/2작은술, 후추 약간]

응용 레시피는
106~107쪽

배추 (1/12포기 사용)

• 소금 절임 •

배추 1/2포기(200g)
잎 → 큼직한 한입 크기

줄기 → 작은 한입 크기

냉장 **3~4일**

잎은 빨리 절여지므로 크게 자르는 것이 요령

소금으로 절이면 배추에 함유된 수분이 빠져나와 배추가 더 맛있어진다. 잎은 빨리 절여지므로 크게 자르면 좋다. 물기를 빼지 않고 보관하고 사용할 때 짜낸다.

만드는 법

배추에 소금을 뿌리고 지퍼백에 넣어 공기를 빼면서 지퍼를 닫아 냉장고에 보관한다.

소금 … 1/3작은술   • 지퍼백(中) 1개 분량

응용 레시피는
110~111쪽

무 (1/6개 사용)

· 레몬 초절임 ·

무 1/6개(200g) → 5mm 두께 부채꼴썰기

레몬 껍질 1/8개 → 아주 가늘게 채썰기

만드는 법

1. 믹싱볼에 무를 넣고 소금을 뿌려 가볍게 섞은 뒤, 10분 정도 두었다가 물기를 짜낸다.
2. 보관용기에 Ⓐ 를 넣고 섞은 다음, 레몬 껍질을 넣는다.
3. 2에 1을 넣고 버무려서 냉장고에 보관한다.

소금 … 1/4작은술
Ⓐ [레몬즙 1/2큰술, 식초 1큰술, 설탕 1큰술, 소금 약간, 끓는 물 1/2큰술]

냉장 5일

즙을 짜고 난 레몬의 껍질도 사용한다

레몬을 첨가하면 식초만 넣었을 때보다 산뜻한 맛을 낼 수 있다. 레몬 맛이 너무 강하지 않도록 아주 가늘게 채 썰어 넣는다. 새콤한 서양식 초절임은 그대로 먹어도 맛있다!

응용 레시피는 114~115쪽

파프리카 (1/2개 사용)

· 볶은 마리네 ·

붉은 파프리카 1/2개 → 7~8mm 크기 깍둑썰기

양파 1/4개 → 다지기

만드는 법

1. 프라이팬에 올리브오일을 두르고 중불로 달군 뒤, 파프리카를 볶다가 숨이 죽으면 믹싱볼에 옮긴다.
2. 양파와 Ⓐ 를 넣고 버무려 식힌 뒤, 보관용기에 담아 냉장고에 보관한다.

올리브오일 1/2큰술
Ⓐ [올리브오일 1큰술, 레몬즙 2작은술, 소금 후추 약간씩]

냉장 4~5일 / **냉동 2주일**

볶아서 재료의 단맛을 끌어낸다

생으로 마리네를 만들어도 좋지만 파프리카는 열을 가하면 단맛을 한층 더 끌어낼 수 있다. 도시락에 포인트를 주는 반찬으로 활용해도 좋다.

응용 레시피는 118~119쪽

버섯 (만가닥버섯, 팽이버섯 각 1/2팩 사용)

· 간장 조림 ·

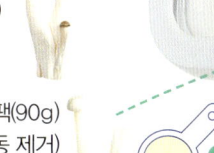

만가닥버섯 1/2팩(50g) → 2cm 길이(밑동 제거)

팽이버섯 1/2팩(90g) → 2cm 길이(밑동 제거)

만드는 법

냄비에 Ⓐ 를 넣고 섞은 뒤, 버섯을 넣어 중불로 끓인다. 섞으면서 익히다 버섯의 숨이 죽으면 불을 줄인다. 국물이 거의 없어져 걸쭉해질 때까지 6~7분 정도 섞으면서 조린다.

Ⓐ [맛술, 간장 1큰술씩, 미림 1/2큰술, 설탕 1작은술]

냉장 5일 / **냉동 2주일**

버섯에서 수분이 나오니 물은 적게 잡아야

물의 양이 적은 듯하지만 끓이면 버섯에서 수분이 나오므로 걱정할 것 없다. 고기나 생선에 끼얹는 소스로 사용하거나 조미료 대용으로 재료와 함께 볶아도 좋다.

응용 레시피는 122~123쪽

토마토를 남김없이 사용하자!

토마토는 궁합이 좋은 치즈와 함께 먹거나 양념에 절여 먹으면 색다른 맛을 느낄 수 있다.
토마토가 남으면 살사소스로 만들어 다양하게 활용하자!

시소잎을 뿌려 향긋한

일본식 카프레제

1개 사용

재료 [2인분]

토마토	1개(150g)
모차렐라 치즈	1개(100g)
시소잎 ◆	3장
Ⓐ 올리브오일	1큰술
간장	1/2큰술

만드는 법

1 토마토, 모차렐라 치즈는 1cm 두께
로 썰어 하나씩 어긋나게 겹쳐서 그
릇에 담는다.

2 시소잎은 손으로 잘게 찢어 1에 뿌리
고, Ⓐ를 섞어서 끼얹는다.

 **Advice**

칼을 천천히 움직이면 깨끗하게 자를 수 있다
통썰기는 예쁘게 담는 것도 중요하다. 토마토
는 꼭지를 아래로 둔 채 칼날을 대고 천천히
움직이면 씨가 있는 부분이 뭉개지지 않고
깨끗하게 잘린다. 잘 드는 칼을 사용하는 것
도 포인트다.

조리시간
5분

◆ 시소 紫蘇 : 깻잎과 비슷하게 생긴 향채소다. 향이 특이해 다양한 일본요리에 쓰인다.

1개 사용

조리시간
15분

맛간장과 생강으로 산뜻하게
토마토 생강 절임

재료 [2인분]

토마토 ················ 1개(150g)
생강 ················ 1/2조각 분량
Ⓐ 물 ················ 3큰술
멘쓰유(3배 농축) ······· 1큰술

만드는 법

1 토마토는 8등분 한다.
2 믹싱볼에 Ⓐ 를 넣어 섞은 뒤, 1과 채 썬 생강을 10분 정도 담가두었다가 국물과 함께 그릇에 담는다.

Advice

껍질이 있어도 생강과 멘쓰유의 향이 잘 스며든다
토마토 껍질을 벗기지 않아도 맛간장에 절이면 향이 잘 스며든다. 여름에는 그대로 냉장해 두었다 시원하게 간식으로 즐겨도 좋다.

자투리 채소는 반찬거리로! 84쪽

토마토 프레시 살사 응용 레시피

만드는 법은 84쪽

1개 사용

담백한 임연수에 새콤매콤한 맛을 더한

토마토소스를 끼얹은 임연수 소테*

재료 [2인분]

토마토 프레시 살사	전량
임연수	2조각(200g)
소금, 굵은 흑후추	약간씩
밀가루	적당량
올리브오일	1/2큰술
어린잎 채소	적당량

만드는 법

1 임연수는 소금과 후추를 뿌리고 밀가루를 묻힌다.

2 프라이팬에 올리브오일을 두르고 중불로 달군 뒤 1을 넣는다. 2분 정도 구워 노릇해지면 뒤집어서 약불로 4분 정도 더 굽는다.

3 접시에 담고 물기를 가볍게 뺀 토마토 프레시 살사를 끼얹은 다음, 어린잎채소를 곁들인다.

┌─ **Point!** ─────────
물기는 가볍게 뺀다
바싹하게 구운 임연수의 고소함을 살리기 위해서 토마토 프레시 살사의 물기를 가볍게 빼고 끼얹었다.
└─────────────────

조리시간 10분

◆ 소테 saute: 육류나 어류를 프라이팬이나 철판에 굽는 요리법

샐러드처럼 산뜻하게 먹을 수 있는

아보카도와
살사소스로 버무린
냉파스타

재료 [2인분]

토마토 프레시 살사 ············· 전량
아보카도 ····························· 1개
카펠리니◆ ························· 140g
소금 ···························· 적당량

만드는 법

1 냄비에 물을 넉넉하게 붓고 끓여 소
   금(물 1.5L에 소금 1큰술의 비율)을
   넣은 뒤, 카펠리니를 포장지에 표시
   된 시간대로 삶는다.

2 아보카도는 1.5cm 크기로 깍둑썰기
   한다.

3 면을 다 삶았으면 건져서 찬물에 헹
   군다. 면의 물기를 빼고 믹싱볼에 담
   은 뒤, 2와 토마토 프레시 살사를 국
   물과 함께 넣어 버무리고 소금으로
   간한다.

조리시간
10분

┌ Point! ┐
살사의 국물도 넣는다
토마토 프레시 살사는 국물과 함께 넣는다.
국물 양에 따라 소금기가 변하므로 기호에
따라 소금의 양을 조절하며 간을 하자.

◆ 카펠리니 capelline: 머리카락이라는 뜻을 가진 면으로 스파게티처럼 단면이 동그랗지만 좀
  더 가는 면이다.

91

가지를 남김없이 사용하자!

며칠 지나도 겉보기에 변화가 없어 방심하기 쉽지만, 속은 수분을 잃고 말라가는 채소다.
자른 단면은 산화하여 서서히 검게 변색하므로 1개 단위로 사용하면 좋다.

전분을 뿌려 윤기 있게

가지 데리야키 덮밥

2개 사용

재료 [2인분]

가지	2개
따뜻한 밥	2공기(400g)
전분	적당량
Ⓐ 간장	1과 1/2큰술
미림	1큰술
설탕	1작은술
식용유	2큰술
쪽파, 볶은 참깨	적당량

만드는 법

1 가지는 통썰기 하여 5분 정도 물에 담갔다가 꺼내 물기를 닦고 전분을 얇게 묻힌다. Ⓐ 는 섞어 둔다.

2 프라이팬에 식용유를 두르고 강불로 달군 뒤, 가지를 굽는다. 앞뒤로 뒤집으면서 2분 정도 굽고 남은 기름은 키친타월로 닦아낸다. Ⓐ를 붓고 부글부글 끓이면서 윤기가 날 때까지 잘 섞는다.

3 그릇에 밥을 담고 2를 얹은 뒤, 잘게 썬 쪽파와 참깨를 뿌린다.

조리시간
10분

도시락

Advice

쓴맛을 우릴 때는 키친타월을 덮는다

가지는 쓴맛이 강해서 그대로 조리하면 아린 맛이 날 수 있으니, 물에 5분 정도 담가 쓴맛을 우려낸다. 이때 키친타월을 덮으면 가지가 떠오르지 않고 차분히 가라앉는다.

2개 사용

조리기 전에 굽는 것이 포인트

가지 미소 조림

재료 [2인분]

가지	2개
A 맛국물	1컵
미소, 간장, 미림	1큰술씩
설탕	1과 1/2큰술
붉은 고추	1/2개 분량
식용유	2큰술

만드는 법

1 가지는 꼭지를 잘라내고 세로로 반을 가른 뒤, 껍질에 빗살무늬 모양으로 칼집을 넣고 물에 5분 정도 담갔다가 꺼내 물기를 닦는다.

2 프라이팬에 식용유를 두르고 강불로 달군 뒤, 가지를 굽는다. 앞뒤로 뒤집어가면서 3~4분 노릇하게 굽는다.

3 **A** 를 넣고 한소끔 끓으면 오토시부타를 덮어 중불로 5분 정도 조린다.

 Advice

껍질에 칼집을 넣어 맛이 잘 스며들도록
양념이 잘 스며들도록 가지 껍질에 촘촘하게 빗살무늬 모양의 칼집을 5~6mm 폭으로 넣는다. 가지를 살짝 사선으로 놓으면 칼질하기가 쉽다.

자투리 채소는 반찬거리로! 85쪽

가지 전자레인지 찜 응용 레시피

만드는 법은
85쪽

1개 사용

참기름과 후추의 향이 입맛을 당기는

가지나물

재료 [2인분]

가지 전자레인지 찜 ············ 전량
무순 ······················· 적당량
Ⓐ 참기름 ················· 1큰술
　　소금, 굵은 흑후추 ······ 약간씩

만드는 법

1　가지 전자레인지 찜은 손으로 먹기 좋게
　 찢는다. 무순을 적당량 준비한다.
2　믹싱볼에 1을 넣은 뒤, Ⓐ를 넣어 버무
　 린다.

> **Point!**
> **물기를 닦아내 간이 싱거워지는 것을 막는다**
> 가지 전자레인지 찜에는 물기가 많으니 조
> 리하기 전에 키친타월로 물기를 닦아내자.
> 순무새싹을 쪽파로, 흑후추를 백후추로 바
> 꿔도 맛있다.

조리시간
5분

아이들 건강 간식

가지를 넣은
터키식 요구르트 딥

재료 [2인분]

가지 전자레인지 찜 ·········· 전량
Ⓐ 플레인 요구르트 ······· 2큰술
　　올리브오일 ·········· 1작은술
　　다진 마늘 ·········· 아주 약간
　　소금, 굵은 흑후추 ······ 약간씩
바게트 ···················· 적당량

만드는 법

1 가지 전자레인지 찜은 잘게 다져서
　　두드린다.
2 믹싱볼에 1, Ⓐ를 넣고 섞는다. 바
　　게트에 얹어 먹는다.

┌─ **Point!**
│ **다지고 두드려서 부드럽게!**
│ 찐 가지는 믹서를 사용하지 않고도 다져서
│ 두드리면 부드러운 딥 상태가 된다. 은근한
│ 향을 내기 위해서 마늘은 아주 적은 양만
│ 넣는다.

조리시간
5분

브로콜리를 남김없이 사용하자!

시간이 지나면 송이 부분이 누렇게 변하면서 시든다.

줄기 부분도 껍질을 벗겨 활용한다. 소금으로 데친 '반찬거리'는 냉동보관이 가능하다.

1/2개 사용

부드럽게 으깨 맛있는 소스로!

브로콜리를 넣은
그린소스 펜네

재료 [2인분]

브로콜리	1/2개(150g)
펜네	160g
소금	적당량
Ⓐ 올리브오일	2큰술
안초비(퓌레 또는 잘게 썬 것)	
	1장 분량
소금, 후추	약간씩

만드는 법

1 브로콜리는 송이 부분을 작게 자르고, 줄기 부분은 껍질을 벗겨 통썰기한다.

2 프라이팬에 넉넉하게 물을 붓고 끓인 뒤, 소금(물 1.5L에 소금 1큰술 비율)을 넣고 펜네를 포장지에 표시된 대로 삶는다. 브로콜리도 함께 넣어서 삶는다.

3 면이 다 삶아지면 체에 밭쳐 물기를 뺀 다음, 프라이팬에 다시 넣는다. 브로콜리는 주걱으로 으깨고 Ⓐ를 넣어서 섞은 뒤, 면과 함께 버무린다.

조리시간
15분

Advice

펜네와 동시에 삶으면 딱 적당하게 익는다

펜네를 삶는 프라이팬에 브로콜리도 넣어 동시에 삶는 것이 요령이다. 브로콜리가 파스타에 버무리기 좋은 상태로 익어 요리하기 편해진다.

조리시간
10분

1/2개 사용

생강과 참기름 향이 감도는
브로콜리와 대구 중국식 찜

재료 [2인분]

브로콜리	1/2개(150g)
생대구	2조각(200g)
소금, 후추	약간씩
Ⓐ 다진 파	1/5뿌리
다진 생강	1/3조각
간장, 식초	2작은술씩
설탕, 참기름	2/3작은술씩

만드는 법

1 브로콜리는 송이 부분을 작게 자르고, 줄기 부분은 껍질을 벗겨 통썰기 한다.
   대구는 한입 크기로 잘라 소금, 후추를 뿌린다.

2 프라이팬에 1을 넣고 물 1/3컵을 골고루 끼얹는다. 뚜껑을 덮고 약불로 6분
   정도 익힌다.

3 그릇에 담은 뒤, 섞어 둔 Ⓐ를 끼얹는다.

Advice

맛이 진해져 한층 더 맛있다
브로콜리는 데치기보다 찌면 한층 더 깊은 맛
을 낸다. 뚜껑 있는 프라이팬을 사용하면 간단
하게 찔 수 있다.

자투리 채소는 반찬거리로! 85쪽

97

만드는 법은 85쪽

1/2개 사용

풍성하고 맛깔스러운

브로콜리
새우 샐러드

재료 [2인분]

데친 브로콜리 ················· 전량
새우 ·························· 8마리
달걀 ·························· 1개
Ⓐ 마요네즈 ········ 1과 1/2큰술
　 설탕 ················ 1작은술
　 레몬즙 ·············· 1작은술
　 소금, 후추 ········· 약간씩

만드는 법

1 새우는 삶아서 꼬리는 떼고 껍질을 벗
　 긴다. 삶은 달걀은 적당히 다진다.
2 믹싱볼에 Ⓐ를 넣고 섞은 뒤 1과 데
　 친 브로콜리를 넣고 버무린다.

┌─ **Point!** ─────────────────┐
삶은 새우로 스피드 업!
삶은 새우는 채소와 섞기만 하면 눈 깜짝할
사이에 요리가 완성되는 시간을 절약하기
편리한 재료다. 새우의 붉은색과 달걀의 노
란색, 브로콜리의 초록색이 조화를 이뤄, 보
는 것만으로 식욕을 돋우는 요리다.
└────────────────────────┘

조리시간
5분

도시락

고소한 맛이 일품인

브로콜리
참깨 미소 무침

재료 [2인분]

데친 브로콜리 ················· 전량
부침용 두부 ············ 1/2모(150g)
Ⓐ 미소 ····················· 1큰술
  빻은 참깨 ············· 1/2큰술
  설탕 ················· 1/2작은술
  소금 ·················· 한꼬집

만드는 법

1 두부는 손으로 큼직하게 나누어 키친
   타월에 2겹으로 싼 뒤, 손으로 꾹 눌
   러 물기를 뺀 다음 믹싱볼에 넣는다.

2 Ⓐ를 두부에 넣고 잘 섞은 다음, 데친
   브로콜리를 넣어 버무린다.

● Point!
두부의 물기를 꼭 짜내자
조리한 뒤 두부에서 수분이 나오지 않도록
물기를 꼭 짜내자. 키친타월로 감싸 무거
운 물건을 올려놓아도 된다. 시간이 없을
때는 손으로 나누어 키친타월로 감싼 뒤
꾹 누르면 빠르고 확실하게 물기를 짜낼
수 있다.

조리시간
5분

단호박을 남김없이 사용하자!

단호박은 1/2개를 사더라도 한 번에 다 먹기는 어렵다. 남아서 며칠 지나면 씨가 있는 부분부터 시들기 시작한다. 전자레인지에 쪄서 먹거나 냉동이 가능한 매시로 만들어 보관하자.

1/8개 사용

따끈따끈 담백한 찜을 간단하게!

단호박
전자레인지 찜

재료 [2인분]

단호박 ············· 1/8개(200g)
Ⓐ 맛국물 ····················· 1컵
　 간장 ············· 1과 1/2큰술
　 미림 ·················· 2작은술
　 설탕 ·················· 1작은술

만드는 법

1 단호박은 씨와 속을 파내고 한입 크 기로 썬다.

2 내열 믹싱볼(지름 20cm 정도)에 Ⓐ 를 넣어 섞은 뒤, 단호박 껍질을 아 래로 하여 넣는다. 랩을 헐겁게 씌워 전자레인지에서 6~7분 가열한다.

3 그대로 4~5분 두어 양념이 배어들 도록 한다.

조리시간 15분　**도시락**

　**Advice**

랩은 단호박에 붙지 않도록 헐겁게 씌운다
전자레인지에 단호박을 찔 때는 랩이 단호 박에 붙지 않도록 헐겁게 씌운다. 푹 찔 수 있어서 단호박의 부드러운 식감을 즐길 수 있다.

1/8개 사용

도시락

조리시간
15분

노릇노릇 고소해서 술안주로 좋은

단호박 치즈 그릴

재료 [2인분]

단호박 ·············· 1/8개(200g)
치즈가루 ················· 1큰술
올리브오일 ··············· 1큰술

만드는 법

1 단호박은 씨와 속을 파내고 길이를 절반으로 잘라 6~7mm 두께로 얇게 썬다.

2 오븐 토스터의 맨 위 칸에 쿠킹 포일을 깔고, 1을 겹치지 않게 늘어놓는다. 치즈가루를 뿌리고 올리브오일을 뿌린 뒤 8분 정도 굽는다.

 **Advice**

길이를 절반으로 자르면 얇게 자르기 쉽다
단호박은 단단해서 자르기 어려운 재료다. 1/8개를 세로로 길게 이등분 하면 손안에 들어가는 크기이므로 칼로 자르기 쉬워진다.

자투리 채소는 반찬거리로! 86쪽

만드는 법은
86쪽

1/8개 사용

카레와 달콤한 건포도가 잘 어우러진

단호박과 건포도를 넣은 카레맛 마요네즈 샐러드

재료 [2인분]

단호박 카레 매시(껍질 사용) ·· 전량
건포도 ····················· 3큰술
Ⓐ 마요네즈 ·············· 1큰술
　 우유 ················· 1작은술
　 꿀 ···················· 1/2큰술
　 소금, 후추 ··········· 약간씩

만드는 법

믹싱볼에 단호박 카레 매시, Ⓐ, 건포도를 넣고 섞는다.

Point!

드레싱을 넣기 전에 단호박의 수분량을 체크한다
같은 단호박이라도 종류나 계절에 따라 수분이 많기도 하고 포슬포슬하기도 하여 식감이 다르다. 단호박의 수분이 많을 때는 우유의 양을 줄인다.

조리시간
5분

도시락

빨리 만들 수 있어 아침식사로 적당한

단호박 포타주

재료 [2인분]

단호박 카레 매시(껍질 없이)	········	
	·································	전량
Ⓐ 물	·················	1컵
치킨파우더	··········	1/2작은술
소금, 후추	··········	약간씩
우유	·················	1컵
파슬리가루, 크래커	········	적당량

만드는 법

1 냄비에 단호박 카레 매시, Ⓐ를 넣고 섞어 중불로 끓인다. 끓어오르면 우유를 붓고 부글부글 끓지 않도록 주의하면서 데운다.

2 그릇에 담고 파슬리가루와 작게 부순 크래커를 뿌린다.

Point!
우유가 끓어오르지 않게 주의한다
우유는 끓어오르면 분리되므로 우유를 넣은 후에는 끓어오르지 않도록 주의한다. 우유를 두유로 바꾸면 맛이 한층 부드러워진다.

조리시간
10분

103

양배추를 남김없이 사용하자!

양이 많아서 남기기 쉬운 채소 중 하나. 양념과 섞어 두면 수분이 나오면서 부피가 줄어 요리하기 쉬워진다. 또, 가열해도 부피가 줄어든다. 자르는 방법을 달리하여 다양하게 사용해보자.

1/4통 사용

감칠맛에 절로 손이 가는

참깨
미소 쌈장

재료 [2인분]

양배추 ·············· 1/4통(250g)
Ⓐ 미소 ················ 2큰술
　 빻은 참깨 ·············· 1큰술
　 설탕, 식초 ········ 1/2큰술씩
　 다진 마늘 ·············· 약간

**조리시간
5분**

만드는 법

1　양배추는 심을 잘라내고 잎이 겹쳐
　진 채로 3등분 하여 그릇에 담는다.

2　Ⓐ를 섞어 1에 곁들여 찍어 먹는다.

 Advice

잎이 겹쳐진 채로 자르면 다루기 쉽고 보기도 좋다
양배추 잎은 벗기지 말고 겹쳐진 채로 자르면 편하다. 심을 잘라냈으니 손쉽게 벗겨 먹을 수 있다.

조리시간
10분

1/4통 사용

우메보시와 마늘의 조화가 절묘한

삶은 양배추와 가다랑어 샐러드

재료 [2인분]

양배추 ·················· 1/4통(250g)
가다랑어 다타키◆
·········· 작은 것 1덩어리(200g)
쪽파 ························· 3뿌리
Ⓐ 우메보시 두드린 것(씨 제거)
····················· 1개 분량
멘쓰유(3배 농축), 참기름
····················· 1큰술씩
다진 마늘 ··················· 약간

만드는 법

1 양배추는 심을 잘라내고 큼직하게 한 입 크기로 자른 뒤, 살짝 데쳐내 체에 밭쳐 물기를 뺀다. 가다랑어는 먹기 좋은 크기로 자르고 쪽파는 5cm 길이로 자른다.

2 믹싱볼에 Ⓐ를 넣고 섞어 양배추, 가다랑어, 쪽파를 더해 버무린다.

◆ 가다랑어 다타키 鰹たたき: 가다랑어를 덩어리로 잘라 표면만 살짝 익힌 것 일본에서는 동네 슈퍼에서도 구할 수 있는 재료지만 한국에서는 구하기 힘드니 직접 만들어 보자.

― 가다랑어 다타키 만드는 법

1 참치에 소금과 후추를 조금씩 뿌려둔다. 냉동된 것은 2시간 정도 전에 미리 꺼내둔다.

2 프라이팬을 달군 뒤 기름을 두르고 참치를 넣어 양면을 1~2초씩 표면만 굽는다. 너무 오래 굽지 않도록 주의한다.

3 식혀서 먹기 좋게 자른다.

Advice

샐러드에 사용할 때 데친 양배추를 쓰면 부드러운 식감을 즐길 수 있다.
익히지 않은 양배추도 맛있지만 데치면 부피가 줄어 듬뿍 먹을 수 있으니 샐러드에 넣으면 좋다. 가열하면 단맛도 한층 강해진다. 물기는 완전히 빼고 조리하자.

자투리 채소는 반찬거리로! 86쪽

만드는 법은
86쪽

1/4통 사용

듬뿍 넣은 홀그레인머스터드가 맛의 비결

양배추와 소시지
사우어크라우트•

재료 [2인분]

양배추 허니 코울슬로 ········ 전량
비엔나소시지 ················· 5개
Ⓐ 화이트와인(없으면 맛술)
······················ 3큰술
홀그레인머스터드 ······ 2큰술
화이트와인비니거
(없으면 식초) ········ 1/2큰술

만드는 법

1 양배추 허니 코울슬로는 물기를 짜낸
   다. 소시지는 세로로 반을 가른다.

2 프라이팬에 1을 넣고 Ⓐ를 골고루 뿌
   린 뒤, 뚜껑을 덮고 중불로 3~4분 익
   힌다.

─Point!─
소시지 단면을 넓게 자른다
소시지는 길이로 절반 가르면 맛이 잘 배어
나고 양배추와도 잘 어우러진다. 채 썬 양배
추와 모양도 어울리고 먹기도 수월하다.

◆ 사우어크라우트 sauerkraut: 소
  금에 절인 양배추를 젓산 발효시킨
  뒤, 소시지를 곁들여 먹는 음식

조리시간
10분

★ 이렇게 먹는 방법도 있다!
• 옥수수나 참치와 함께 샐러드로 즐긴다.
• 수프에 건더기로 넣어도 좋다.

집에서 편안히 즐기는 브런치 세트

양배추 핫 샌드위치

재료 [2인분]

양배추 허니 코울슬로	전량
햄	4장
슬라이스 치즈	2장
올리브오일	1큰술
식빵	4장
포테이토칩	적당량

만드는 법

1 양배추 허니 코울슬로는 물기를 짠다.
2 식빵은 2장을 한 쌍으로 하여 슬라이스 치즈, 1, 햄을 속에 넣는다.
3 프라이팬에 올리브오일을 두르고 중불로 달군 뒤, 2를 한 쌍씩 굽는다. 평평한 도구로 전체를 눌러가면서 양면이 노릇해질 때까지 굽는다. 먹기 좋은 크기로 잘라 그릇에 담고 포테이토칩을 곁들인다.

Point!
프라이팬으로도 핫 샌드위치가 가능하다!
핫 샌드위치 메이커가 없어도 프라이팬에서 작은 냄비뚜껑 등의 평평한도구로 전체를 잘 누르면서 노릇하게 구우면 그럴듯한 모양으로 샌드위치가 완성된다.

조리시간 10분

배추를 남김없이 사용하자!

한 포기 사면 쓸 데가 많은 채소다. 양배추 같이 소금에 절여 부피를 줄이면 많이 먹을 수 있다.
생으로 먹어도 맛있으니 레시피를 알아 두고 남김없이 활용하자.

1/6포기 사용

매콤달콤한 맛국물이 배추에 스며든

소고기와 배추 스키야키* 조림

재료 [2인분]

배추 ·················· 1/6포기(400g)
소고기(불고기용) ············· 120g
부침용 두부 ··········· 1/2모(150g)
A 물 ·················· 1과 1/2컵
   간장 ················· 3큰술
   맛술, 미림, 설탕 ·············
   ················· 1과 1/2큰술씩

만드는 법

1 배추는 한입 크기로 자른다. 두부는
   손으로 큼직하게 뜯어 키친타월을
   감싸고 눌러 물기를 제거한다.

2 깊이가 얕은 냄비에 A를 넣고 섞은
   뒤, 강불로 끓인다. 끓어오르면 배
   추, 두부, 소고기를 넣고 오토시부
   타를 덮은 다음, 불을 낮추어 6~7분
   정도 끓인다.

조리시간
15분

Advice

오토시부타로 골고루 맛이 스며들도록
오토시부타를 덮으면 국물이 전체에 골고루 스며
들어 균일하게 조릴 수 있다. 구멍 낸 쿠킹 시트
(종이 포일)를 냄비 크기로 잘라서 사용해도 된다.

◆ 스키야키: 소고기와 파 등 여러가지 재료를 간장으로 맛을 내어 먹
  는 냄비 요리

108

1/6포기 사용

조리시간
10분

싱싱한 배추의 단맛을 즐기자!

치즈를 뿌린 배추 시저 샐러드

재료 [2인분]

배추 ················· 1/6포기(400g)
슬라이스 치즈 ················· 1장
Ⓐ 마요네즈 ················· 2큰술
　 우유 ················· 1큰술
　 다진 마늘 ················· 약간
　 치즈가루 ················· 1/2큰술
　 소금, 후추 ················· 약간씩
굵은 흑후추 ················· 약간

만드는 법

1 슬라이스 치즈는 손으로 1~2cm 크기의 사각형 모양으로 찢어 쿠킹 시트를 깐 내열 접시에 겹치지 않게 늘어놓는다. 랩을 덮지 않고 전자레인지에 넣어 1분 30초 정도 가열한 뒤 그대로 식힌다.

2 배추는 잎과 줄기를 나누어 줄기는 5cm 길이로 잘라 결에 따라 채 썰고, 잎은 한입 크기로 큼직하게 뜯어서 그릇에 담는다. 1을 배추와 얹은 뒤, 섞어둔 Ⓐ를 끼얹고 후추를 뿌린다.

Advice

줄기 부분은 결에 따라 썰면 아삭아삭!
두께가 있는 줄기 부분은 채 썰면 양배추를 채 썰었을 때와 같은 식감이어서 먹기 좋다. 결에 따라 세로로 자르면 아삭아삭함을 즐길 수 있다.

자투리 채소는 반찬거리로! 86쪽

109

만드는 법은 86쪽

1/12포기 사용

아삭아삭한 식감에 젓가락이 멈추지 않는

배추와 짜사이* 무침

재료 [2인분]

절인 배추	전량
짜사이(양념)	2큰술
Ⓐ 참기름	2작은술
소금, 굵은 흑후추	약간씩

만드는 법

1 소금에 절인 배추는 물기를 짜고, 짜사이는 채 썬다.

2 Ⓐ를 섞은 뒤, 1을 넣어 함께 버무린다.

┌─ **Point!**
물기를 짜내면 깊은 맛을 낸다
절임 배추에서는 수분이 많이 나온다. 무침이 질척거리지 않도록 손으로 물기를 꼭 짜내자.

◆ 짜사이 榨菜: 중국에서 생산되는 채소인 착채를 절여 만든 중국식 김치

조리시간
5분

씹는 맛이 있어 입과 배가 만족하는

우메보시를 곁들인 배추 우동

재료 [2인분]

절인 배추	전량
무순	적당량
우메보시	2개
즉석 우동	2봉지
Ⓐ 맛국물	2와 1/2컵
미림	1/2큰술
소금	1/2작은술
간장	약간

만드는 법

1 절인 배추는 물기를 짠다. 무순은 밑동을 잘라낸다.

2 냄비에 Ⓐ를 넣고 잘 섞은 뒤 한소끔 끓인다.

3 우동은 포장지의 표시대로 전자레인지에 가열하여 그릇에 담는다. 2를 끼얹고 배추, 무순, 우메보시를 얹는다.

┌ Point!
배추와 우메보시에 있는 소금기를 활용
우동 국물이 따뜻하므로 절인 배추는 데우지 않고 얹기만 하면 된다. 우메보시의 소금기를 생각해 우동 국물은 살짝 싱거운 듯 간을 하자.

조리시간
10분

무를 남김없이 사용하자!

자른 무를 사면 잘린 면이 금방 마르고 바람이 들어 맛이 없어진다.
신선한 무는 조림은 물론이고 굽거나 절여도 맛있다.

부드럽지만 으깨지지 않는 절묘함

마늘과 소금으로
맛을 낸
방어 무 조림

1/3개 사용

재료 [2인분]

무	1/3개(400g)
방어	2조각(250g)
마늘	1조각
A 맛국물	1과 1/2컵
맛술	1/4컵
미림	1과 1/2큰술
소금	1/2작은술
식용유	1/2큰술

조리시간 25분

만드는 법

1 무는 2cm 두께로 통썰기 하여 한쪽 면에 1/4 정도 깊이로 열십자 모양 칼집을 넣는다. 내열 그릇에 겹치지 않게 무를 늘어놓고 물 1큰술을 뿌린 뒤, 랩을 헐겁게 싸서 전자레인지에 넣어 6분 정도 가열한다. 꺼내서 찬물에 넣어 완전히 식힌 다음, 물기를 뺀다. 방어는 절반 자른다.

2 프라이팬에 식용유를 두르고 중불로 달군 뒤, 방어를 양면 다 노릇하게 굽는다.

3 방어가 다 구워지면  무, 반으로 자른 마늘을 넣는다. 한소끔 끓어오르면 거품을 걷어내고 오토시부타를 덮어 약한 불로 15분 정도 조린다. 중간에 전체를 한번 섞어준다.

Advice

무는 전자레인지로 익히면 편하다
무에 맛이 잘 스며들게 하려면 조리기 전에 익히는 것이 좋다. 전자레인지를 사용하면 간단하다. 익힌 무를 완전히 식힌 후 조리면 맛이 더 잘 스며든다.

단맛이 가득한

무 스테이크

1/3개 사용

조리시간
15분

Advice

표면에 칼집을 넣으면 맛이 잘 스며든다

무의 표면에 칼집을 넣으면 구울 때 잘 익고 맛도 잘 스며든다. 격자 모양의 칼집은 5mm 정도 간격으로 촘촘하게 넣는다.

재료 [2인분]

무	1/3개(400g)
Ⓐ 버터	15g
간장	1큰술
굵은 흑후추, 다진 마늘	약간씩
식용유	1/2큰술
쪽파	적당량

만드는 법

1 무는 2cm 두께로 통썰기 하여 한쪽 면에 격자 모양으로 칼집을 넣는다. 내열 용기에 겹치지 않게 늘어놓고 물 1큰술을 뿌린 다음, 랩을 헐겁게 씌우고 전자레인지에 넣어 6분 정도 가열한다.

2 프라이팬에 식용유를 두르고 중불로 달군 뒤, 무를 가지런히 놓고 양면이 노릇해질 때까지 굽는다.

3 프라이팬에 있는 여분의 기름을 키친타월로 닦아내고 Ⓐ를 넣은 다음, 버터를 녹이면서 버무려 접시에 담는다. 프라이팬에 남은 소스를 끼얹고 쪽파를 잘게 썰어 뿌린다. 기호에 따라 버터를 얹어도 좋다.

자투리 채소는 반찬거리로! 87쪽

만드는 법은
87쪽

1/6개 사용

초절임의 매력이 살아나는

베트남식
바게트 샌드위치

재료 [2인분]

무 레몬 초절임	전량
소고기(불고기용)	150g
고수	적당량
바게트	2/3개
A 넘플라	1/2큰술
굵은 흑후추	약간
식용유	1작은술

만드는 법

1 무 레몬 초절임은 물기를 뺀다.

2 프라이팬에 식용유를 두르고 중불로 달군 뒤, 소고기를 볶다가 고기의 색이 변하면 **A**를 넣고 함께 볶는다.

3 바게트를 절반으로 갈라 아래부터 차례로 2, 1, 고수를 얹는다.

Point!

초절임이 고기의 느끼함을 잡는다
초절임은 느끼한 음식에 곁들이기 딱 좋은 음식이다. 특히 고기와 잘 어울린다. 넘플라나 고수와의 궁합도 좋다.

조리시간
10분

114

★ 이렇게 먹는 방법도 있다!
• 채소와 함께 샐러드로 먹어도 맛있다.
• 소면이나 소금으로 간한 볶음 국수의 토핑으로도 어울린다.

조리시간
5분

새콤달콤한 초절임 장을 넣은

생햄과 무 마리네

재료 [2인분]

무 레몬 초절임 ················· 전량
생햄 ······················· 6장
올리브오일 ··········· 1과 1/2큰술
파슬리가루 ················· 약간

만드는 법

1 생햄은 절반으로 자른다.
2 믹싱볼에 무 레몬 초절임을 국물과 함께 넣고 1, 올리브오일을 넣어 버무린다. 그릇에 담고 파슬리가루를 뿌린다.

> **Point!**
> **새콤달콤 초절임과 짭짤한 생햄의 조화**
> 무 레몬 초절임은 국물과 함께 넣어 새콤달콤한 맛을 살린다. 생햄의 짭짤한 맛이 더해져 깊이 있는 맛의 조화를 즐길 수 있다.

파프리카를 남김없이 사용하자!

피망보다 두꺼워서 오래가지만, 시간이 지나면 주름이 생기면서 물러진다.
마리네로 만들어 보관하면 두루두루 쓰여 편리하다.

1/2개 사용

술안주나 손님 접대에도!

파프리카
타파스

재료 [2인분]

붉은 파프리카	1/2개
크림치즈	40g
콘비프 통조림	25g
올리브 절임	4조각

만드는 법

1 파프리카는 씨와 꼭지를 잘라내고 한 입 크기로 8등분 한다.

2 상온에 두었던 크림치즈를 믹싱볼에 넣고 콘비프를 섞은 뒤, 8등분 하여 1에 얹는다. 반으로 자른 올리브 절임을 얹고 이쑤시개를 꽂는다.

Advice

파프리카 겉면에 고명을 얹으면 깔끔하다

크림치즈와 콘비프는 파프리카의 겉면에 얹으면 파프리카의 붉은색과 어울려 예쁘게 마무리된다. 크림치즈가 적당하게 단단함을 유지하므로 고명이 무너질 염려는 없다.

조리시간
5분

도시락

조리시간
5분

1/2개 사용

소스가 파프리카의 단맛과 조화를 이룬

파프리카와 소시지 소스 볶음

Advice

결에 따라 채 썰면 볶아도 아삭아삭!

파프리카는 결에 따라 3mm 정도 폭으로
채 썰어 볶으면 아삭아삭한 식감을 즐길
수 있다. 소시지도 파프리카에 맞춰 세로
로 자르면 먹기 편하다.

재료 [2인분]

붉은 파프리카	1/2개
비엔나소시지	3개
Ⓐ 우스터소스	1큰술
맛술, 미림	1/2큰술씩
식용유	1작은술

만드는 법

1 파프리카는 씨와 꼭지를 잘라내고 길이로 가늘게 채 썬다. 소시지는 길
   이로 4등분 하여 자른다. Ⓐ는 섞는다.

2 프라이팬에 식용유를 두르고 중불로 달군 뒤, 파프리카와 소시지를 볶
   다가 Ⓐ를 넣고 함께 볶는다.

자투리 채소는 반찬거리로! 87쪽

만드는 법은
87쪽

1/2개 사용

만두피에 얹어 구우면 끝!

파프리카
미니 피자

재료 [2인분]

볶은 파프리카 마리네 ········· 전량
피자치즈 ··················· 30g
만두피 ···················· 12장
굵은 흑후추 ················· 약간

조리시간
15분

만드는 법

1 만두피는 2장씩 겹쳐 안쪽 둘레에 물을 발라 손가락으로 눌러 붙인다.

2 볶은 파프리카 마리네, 피자치즈를 나누어 얹어 오븐 토스터에서 8분 정도 구운 뒤, 후추를 뿌린다.

┌─ **Point!**

만두피가 즉석 피자도우로

만두피는 얇아서 2장을 겹쳐야 구웠을 때 식
감이 좋다. 2장을 겹친 상태에서 아래 피의
안쪽 가장자리에 물을 발라 아래위가 잘 붙도
록 손가락으로 집듯이 누른다. 누른 가장자리
가 부풀어 올라 피자 같은 모양이 된다.

조리시간
5분

남미식 해물 마리네를 부드럽게

문어와 파프리카 세비체*

재료 [2인분]

붉은 파프리카 마리네 ········ 전량
삶은 문어 다리 ·············· 100g
고수 ························· 10g
타바스코 ···················· 약간
소금, 후추 ················· 적당량

만드는 법

1 삶은 문어 다리는 한입 크기로 얇게 저민다. 고수는 다진다.
2 문어, 고수, 붉은 파프리카 마리네를 타바스코와 버무린 뒤 소금, 후추로 간을 한다.

Point!
파프리카의 단맛이 요리를 부드럽게 한다
세비체는 매콤하고 새콤한 맛이 특징이다. 단맛을 잘 끌어낸 붉은 파프리카 마리네를 넣으면 세비체의 강한 맛이 부드러워진다.

◆ 세비체 cebiche: 생선이나 해산물을 레몬이나 라임, 소금에 절인 요리

119

버섯을 남김없이 사용하자!

맛도 좋고 조리하기도 쉬운 버섯은 채소칸의 단골 손님! 하지만 며칠만 지나도 수분이 증발해 흐물흐물해지기 쉬우니 버섯 간장 조림으로 만들어 두자. 여러 종류를 사용하는 것이 맛을 내는 포인트!

만가닥버섯, 팽이버섯 각 1/2팩 사용

조리시간 15분

포일에 싸서 구우니 간단!

버섯과 가리비 포일 구이

재료 [2인분]

만가닥버섯	1/2팩(50g)
팽이버섯	1/2팩(90g)
삶은 가리비	16개(100g)
맛술	2작은술
버터, 간장	적당량

만드는 법

1 만가닥버섯, 팽이버섯은 밑동을 잘라낸다. 만가닥버섯은 작은 송이로 나누고 팽이버섯은 길이를 절반으로 자른다.

2 쿠킹 포일을 25×40cm 크기의 사각형으로 2장 잘라 만가닥버섯, 팽이버섯, 가리비를 절반씩 얹은 뒤 맛술을 절반씩 나누어 뿌리고 싼다. 오븐 토스터에 8분 정도 굽는다.

3 쿠킹 포일 입구를 열고 그릇에 담은 다음, 버터를 얹고 간장을 뿌린다.

Advice

맛술이 재료 전체의 맛을 버섯이 흡수하도록 돕는다

술을 약간 뿌려 쿠킹 포일에 싸서 구우면 가리비에서 나온 맛있는 성분을 스펀지같이 버섯이 흡수하여 한층 맛있어진다.

120

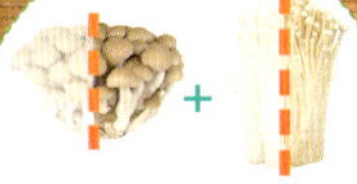

만가닥버섯, 팽이버섯
각 1/2팩 사용

손쉽게 만드는 이탈리안 가정식

버섯과 베이컨 치즈 볶음

Advice

마늘, 올리브오일은 버섯과 궁합이 좋다!
마늘과 올리브오일의 향은 버섯과 잘 어
울린다. 처음에 올리브오일과 다진 마늘
을 프라이팬에 볶아 마늘 향을 끌어낸다

재료 [2인분]

만가닥버섯	……………	1/2팩(50g)
팽이버섯	……………	1/2팩(90g)
베이컨	……………	2장
다진 마늘	……………	1/2조각 분량
Ⓐ 치즈가루	……………	1큰술
소금, 후추	……………	약간씩
올리브오일	……………	1/2큰술
파슬리가루	……………	약간

만드는 법

1 만가닥버섯, 팽이버섯은 밑동을 잘라낸
다. 만가닥버섯은 작은 송이로 나누고
팽이버섯은 절반을 자른다. 베이컨은
3cm 폭으로 자른다.

2 프라이팬에 올리브오일, 마늘을 넣고 중
불로 가열하다 마늘 향이 나기 시작하면
만가닥버섯, 팽이버섯, 베이컨을 넣고
볶는다. 버섯의 숨이 죽으면 Ⓐ를 넣고
함께 볶은 뒤 그릇에 담고 파슬리를 뿌
린다.

자투리 채소는 반찬거리로! 87쪽

만드는 법은 87쪽

만가닥버섯, 팽이버섯
각 1/2팩 사용

소스를 듬뿍 뿌려 맛있는

버섯소스를 끼얹은 두부 스테이크

재료 [2인분]

버섯 믹스 간장 조림	전량
부침용 두부	1모(300g)
소금, 후추	약간씩
밀가루	적당량
올리브오일	1/2큰술
쪽파	적당량

만드는 법

1 두부는 키친타월로 감싸 내열 용기에 넣어 랩을 싸지 않은 채 전자레인지에 넣고 1분 30초 정도 가열한다. 그대로 5분 정도 두어 물기를 뺀다.

2 1을 적당한 크기로 잘라 키친타월로 물기를 닦는다. 소금, 후추를 뿌리고 밀가루를 얇게 묻힌다.

3 프라이팬에 올리브오일을 두르고 중불로 달군 뒤 2를 넣는다. 2분 30초~3분 구워 노릇노릇해지면 뒤집어 2분 정도 더 굽는다.

4 그릇에 담고, 버섯 간장 조림 믹스, 쪽파를 어슷썰기 해 얹는다.

Point!

키친타월을 이용하여 두부의 물기를 간단히 제거한다

두부의 물기를 완전히 제거하는 것이 포인트. 키친타월에 감싸 전자레인지에 넣고 가열하면 식히는 도중에 빠지는 물기를 키친타월이 흡수한다.

조리시간 15분

깊은 맛을 내는 국물이 간단하게 완성!

버섯 간장 조림에 찍어 먹는 소바

재료 [2인분]

버섯 믹스 간장 조림 ·········· 전량
소바(건조면) ················· 200g
Ⓐ 물 ······················· 1컵
　 멘쓰유(3배 농축) ······· 3큰술
시치미도가라시 ·············· 약간

만드는 법

1 소바는 물을 넉넉히 끓여 포장지 표시대로 삶는다. 찬물에 넣고 헹군 뒤, 물기를 빼서 그릇에 담는다.

2 냄비에 Ⓐ, 버섯 간장 조림 믹스를 넣고 가열하여 섞으면서 데운 다음, 따로 준비한 그릇에 담아 시치미도가라시를 뿌린다. 소바를 국물에 찍어 먹는다.

Point!
버섯 간장 조림 믹스의 양념을 고려해서 국물의 간을 조절한다
국물에 간이 된 버섯 간장 조림 믹스를 넣으니 멘쓰유는 약간 희석하여 염분을 줄여주면 간이 딱 알맞다

조리시간
10분

123

반건조 채소 & 채소 육수

건강과 영양, 식감까지 만족시키는 자투리 채소 활용법

반건조 채소

말려서 영양과
맛을 풍부하게

채소를 말리면 단맛이 강해지고 그냥 먹었을 때와는 다른 식감을 즐길 수 있다. 영양가가 높아지는 것도 좋은 점 중 하나! 국물 요리, 볶음, 무침 등에 사용할 수 있다. 보관용기에 담아 냉장고에 넣어두면 1주일은 보관할 수 있다.

만드는 법

채소는 체에 가능한 한 겹치지 않게 펼쳐 원래 중량의 70% 정도가 될 때까지 햇볕에 말린다(약 4~5시간).

배추 한입 크기

당근 얇은 부채꼴썰기

무 5cm 길이, 1cm 굵기의 막대 모양

채소 육수

채소 꽁다리를 우려
건강한 육수로

우리가 흔히 버리는 꽁다리 부분에도 맛과 영양이 가득하다. 모아서 국물을 내면 맛있는 채소 수프가 된다. 냉장고에 3~4일은 보관 가능하다. 얼음 틀에 넣어서 냉동 보관하면 필요한 만큼씩 꺼내 쓰기 편하다.

재료 [만들기 쉬운 분량]

양파 껍질, 단호박 씨, 토마토 꼭지, 당근 꼭지나 껍질, 표고버섯 밑동, 감자 껍질, 무 껍질이나 꼭지, 시금치·소송채의 밑동 등을 합해서 2~3컵 분량

만드는 법

1 채소에 묻은 흙을 잘 씻은 뒤, 물기를 빼서 지퍼백에 넣어 냉장고에 모아둔다.
2 냄비에 물 1.5L를 넣고 강불로 끓인 뒤, 모아둔 채소를 넣는다. 다시 끓어오르면 약불로 20분 정도 더 끓인다. 체에 키친타월을 깔고 거른다.

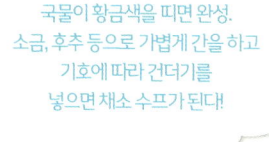

국물이 황금색을 띠면 완성. 소금, 후추 등으로 가볍게 간을 하고 기호에 따라 건더기를 넣으면 채소 수프가 된다!

Chapter 4

1주일 후에 조리해도 OK!
사 두고 방치하기 쉬운 채소

감자, 양파, 당근 등은 1주일 이상 보관 가능한 채소라고 방심하다 주름투성이가 된다든지 싹이 튼다든지 했던 적이 있지 않나요?
금방 사용하지 않을 거라면 바로 사용할 분량을 빼고 저장 채소로 만들어 두면 좋습니다. 맛있는 '반찬거리'를 배워봅시다!

'반찬거리'로 만들어 저장하자!

비교적 오래가는 채소라도, 방치하면 시들어버린다.
시간이 지나면 영양가도 떨어지므로 남을 것 같으면
예감이 들 때 반찬거리로 만들어 보관해두자.

 **감자** (2개 사용)

냉장
3~4일

골고루 익히기 위해 앞뒤로 뒤집어가며 가열한다

전자레인지를 사용하여 감자를 완전히 익히고 싶을 때는 가열하는 도중에 한 번 뒤집는 것이 요령이다. 보관하기 전에 익혀두면 편하게 조리할 수 있어 활용도가 높다.

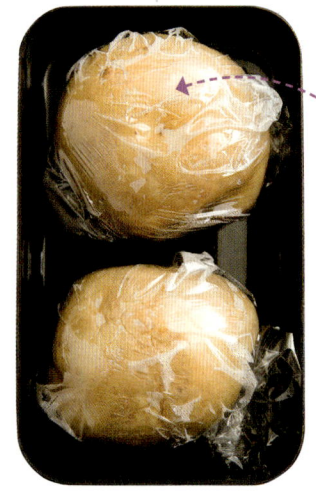

• 전자레인지 찜 •

감자
2개(300g)→씻어서 물기가 있는 채로 랩으로 싼다(1개씩)

만드는 법

감자는 랩에 감싸 전자레인지에서 3분 정도 가열한 뒤, 뒤집어 2분 정도 더 가열한다. 그대로 식혀서 새로운 랩으로 다시 싸 보관용기에 넣어 냉장 보관한다.

> 응용 레시피는
> 130~131쪽

당근 (1개 사용)

냉장
1주일

소금으로 수분을 제거하면 보관하기 쉽다!

양념으로 버무리기 전에 당근에 소금을 뿌려 수분을 완전히 짜내면 저장성이 높아진다. 게다가 양념이 당근에 잘 스며들어 한층 맛있어진다. 머스터드와 비니거의 새콤한 맛이 잘 어우러진 저장채소다.

• 머스터드 & 비니거 무침 •

당근
1개(150g)
→ 5~6cm 길이로 채썰기

Ⓐ 올리브오일 … 2큰술
화이트와인비니거
(없으면 식초) … 1큰술
홀그레인머스터드 … 1큰술
소금 … 1/4작은술

만드는 법

1 당근은 소금 1/3작은술(분량 외)을 뿌리고 섞어 15분 정도 됐다가 물기를 짠다.
2 믹싱볼에 Ⓐ를 넣어 섞은 뒤 1을 더해 버무린다. 보관용기에 넣어 냉장 보관한다.

> 응용 레시피는
> 134~135쪽

126

양파 (1개 사용)

냉장 10일

매운맛을 빼기 위해 가로로 잘라 얇게 썬다

양파를 가로로 얇게 썰어 섬유를 끊으면 매운 성분이 밖으로 빠져나오고, 물에 헹구면 깨끗하게 씻겨나간다. 보관 중에 양념이 스며들어 맛이 한층 부드러워진다. 국물도 요리에 사용할 수 있다.

• 드레싱 절임 •

양파
1개(200g)
→ 길이로 절반 잘라 채썰기

Ⓐ [화이트와인비니거(없으면 식초) 1/4컵, 소금 1/2큰술, 후추 약간, 식용유 1/2컵]

만드는 법
1 양파는 물에 5분 정도 담갔다가 물기를 잘 뺀 뒤, 키친타월로 꾹꾹 눌러 물기를 닦아낸다.
2 믹싱볼에 Ⓐ를 넣어 섞은 뒤, 1을 넣고 버무린다. 국물과 함께 보관용기에 넣어 냉장 보관한다.

응용 레시피는 138~139쪽

고구마 (1/2개 사용)

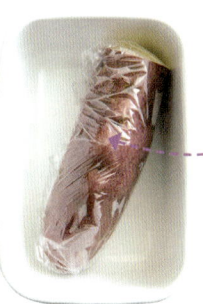

냉장 3~4일

큼직하게 보관하여 다양한 레시피에 활용하자

전자레인지에서 가열한 후 이쑤시개로 찔러 익었는지 체크한다. 크기가 큰 것은 30초 정도 더 가열한다. 큼직한 크기로 반찬거리를 만들어 놓으면 응용하기 편하다.

• 전자레인지 찜 •

고구마
1/2개(150g)
→ 물기 있는 채로 랩으로 싼다

만드는 법
고구마는 껍질째 씻어 물기가 있는 채로 랩으로 싼다. 전자레인지에 넣고 1분 30초 정도 가열한 뒤, 뒤집어 1분 정도 더 가열한다. 그대로 식혀서 새로운 랩으로 다시 싸 보관용기에 넣어 냉장 보관한다.

응용 레시피는 142~143쪽

우엉 (1/2개 사용)

냉장 5일 / **냉동 2주일**

손이 가는 깎아썰기를 미리 해서 보관하자

깎아썰기는 다소 번거롭지만, 썬 채로 보관해두면 요리할 때 한결 편하다. 볶으면 우엉의 향이 한층 더해진다. 냉동도 OK!

• 우엉채 볶음 •

우엉
1/2개(100g)
→ 칼등으로 껍질을 긁어내고 깎아썰기
(우엉을 돌려가면서 끝 부분을 얇게 자르는 방법. 필러를 사용해도 편하다)

식용유 … 1큰술

만드는 법
1 우엉은 물에 5분 정도 담갔다가 물기를 뺀다.
2 프라이팬에 식용유를 두르고 중불로 달군 뒤 1을 볶는다. 3분 정도 지나 숨이 죽으면 그릇에 덜어내 식힌다. 보관용기에 넣어 냉장 보관한다.

응용 레시피는 146~147쪽

감자를 남김없이 사용하자!

감자는 오래가는 재료지만 시간이 지나면 싹이 나거나 주름이 지면서 시들어 버린다.
남은 감자를 전자레인지에 가열하여 보관해두면 활용하기 편하다.

산뜻한 크림소스가 입에 착 감기는

카페식 구운 감자

2개 사용

재료 [2인분]

감자	2개(300g)
A ┬ 버터	5g
└ 소금, 후추	약간씩
올리브오일	1큰술
사워크림, 스위트칠리소스	적당량

만드는 법

1 감자는 껍질을 벗겨 1.5cm 폭의 웨지 모양으로 썰어 물에 살짝 헹군 뒤 물기를 잘 뺀다.

2 프라이팬에 올리브오일을 두르고 중불로 달군 다음, 감자를 늘어놓는다. 3~4분 구워서 노릇노릇해지면 뒤집어 뚜껑을 덮고 약한 불로 5~6분 익힌다.

3 Ⓐ를 넣은 뒤 바싹 구워지면 접시에 담는다. 사워크림을 얹고 스위트칠리소스를 뿌린다.

 **Advice**

뚜껑을 덮고 익히면 속이 포실포실
표면을 노릇하게 구운 뒤 뚜껑을 덮고 약한 불에 익히면, 미리 전자레인지에서 익혀 놓지 않아도 된다. 감자의 맛을 잘 살린 절묘한 식감으로 완성된다.

조리시간
15분

도시락

조리시간
10분

2개 사용

재빨리 볶아 씹는 맛을 살린

감자와 꼬투리콩 카레맛 볶음

재료 [2인분]

감자	2개(300g)
코투리콩	40g
Ⓐ 카레가루	1작은술
치킨파우더	1/2작은술
간장	1/2큰술
식용유	1/2큰술

만드는 법

1 감자는 껍질을 벗겨 5mm 굵기로 채 썬 뒤, 5분 정도 물에 담갔다가 물기를 잘 뺀다. 꼬투리콩은 심을 벗긴다.

2 프라이팬에 식용유를 두르고 중불로 달군 뒤 감자를 3분 정도 볶는다. 감자가 투명해지면 Ⓐ 와 꼬투리콩을 넣어 잘 볶는다.

Advice

조금 굵게 잘라 씹는 맛을 살린다

아삭아삭한 식감을 살리려면 너무 가늘게 썰기보다는 5mm 정도 굵기가 좋다. 볶을 때는 너무 오래 볶지 않고 살짝 덜 익히면 아삭아삭함을 살릴 수 있다.

자투리 채소는 반찬거리로! 126쪽

만드는 법은 126쪽

2개 사용

부드러운 스페인식 갈릭 마요네즈

아이올리˙ 포테이토

재료 [2인분]

감자 전자레인지 찜 ············ 전량
크림치즈 ····················· 40g
Ⓐ 마요네즈 ··············· 1큰술
　 우유 ···················· 1/2큰술
　 다진 마늘 ················ 약간
　 굵은 흑후추 ············· 약간
빵 ························· 적당량

만드는 법

1 감자 전자레인지 찜은 껍질을 벗겨
　내열 믹싱볼에 넣은 뒤 포크로 적당
　히 으깨 전자레인지에 데운다.

2 크림치즈는 손으로 떼어내 Ⓐ와 함
　께 1에 넣고 섞어준다. 토스터에 구
　운 빵을 곁들인다.

─ **Point!** ─
마늘은 많이 넣지 않도록 한다
다진 마늘은 1~2조각 정도로 아주 약간만 넣
으면 부드러운 맛으로 마무리된다. 감자는 완
전히 으깨 부드럽게 만들어도 좋다.

조리시간
5분

◆ 아이올리 aioli: 마늘, 달걀노른자, 올리브오일, 레몬즙을 섞어 만든 소스. 마요네즈를 이용하여 간
단하게 만들 수 있다.

**조리시간
15분**

부드러운 달걀을 감자에 얹은

에그베네딕트*식
감자 요리

재료 [2인분]

감자 전자레인지 찜	전량
온천 달걀**	2개
Ⓐ 마요네즈	2큰술
우유	1큰술
프렌치머스터드	1작은술
식용유	1작은술
버터	10g
어린잎 채소	적당량

만드는 법

1 감자 전자레인지 찜은 절반으로 자른다. 프라이팬에 식용유를 두르고 중불로 달군 뒤 감자의 자른 면을 노릇하게 구워 접시에 담는다.

2 내열 용기에 버터를 넣고 전자레인지에서 10~20초 가열하여 녹인다. Ⓐ를 넣어 섞는다.

3 1에 온천 달걀을 얹고, 2를 끼얹은 뒤, 어린잎 채소를 곁들인다. 기호에 따라 후추를 뿌린다.

◆ 에그베네딕트 egg benedict: 구운 잉글리시 머핀 속에 햄이나 베이컨, 수란을 얹고 홀란다이즈소스를 뿌린 샌드위치

◆◆ 온천 달걀 温泉卵: 흰자가 노른자보다 부드러운 달걀이다. 노른자는 70℃에서 응고되고 흰자는 80℃에서 응고되는 성질을 이용해 65~68℃ 물에 삶아 만드는 달걀.

─ 온천 달걀 만드는 법

1 달걀을 상온에 30분 이상 꺼내둔다.
2 냄비에 달걀이 잠길 정도의 물을 담은 후 팔팔 끓인다.
3 달걀을 키친타월 2~3장을 겹쳐 잘 싼다.
4 냄비의 불을 끄고 키친타월로 감싼 달걀을 넣고 뚜껑을 덮어 15분간 그대로 둔다.
5 달걀을 냄비에서 꺼내 바로 찬물에서 식힌 뒤 껍질을 깐다.

Point!

바쁜 아침에 딱 좋은 메뉴
만들어 둔 감자 전자레인지 찜에 온천 달걀을 얹고 소스만 끼얹어도 충분한 브런치 메뉴가 된다. 잘린 면을 노릇하게 구우면 고소한 맛이 한층 더해진다.

당근을 남김없이 사용하자!

카로틴을 많이 함유한 당근은 영양가가 풍부하고 색상이 선명해 갖추어 두면 좋은 채소이다.
잘라서 사용하다 보면 잘린 면부터 시들어버리므로 1개 단위로 사용하는 것이 좋다. 남았으면 마리네로 만들어 둔다.

매콤한 맛이 밥과 어울리는

당근과 삼겹살로 만든 한국식 볶음

2개 사용

재료 [2인분]

당근 ···················· 2개(300g)
돼지고기 삼겹살 ············ 120g
Ⓐ 불고기 양념(시판) ······ 4큰술
　 고추장 ·············· 1작은술
　 다진 마늘············· 약간
참기름 ················· 1/2큰술
볶은 참깨 ··············· 적당량

만드는 법

1 당근은 길게 4등분 한 뒤 4~5cm 길이로 마구썰기 한다. 돼지고기는 5cm 폭으로 자른다.

2 프라이팬에 당근, 물 1/4컵을 넣고 뚜껑을 덮어 6~7분 찐다.

3 뚜껑을 열어 남은 국물을 조린 다음, 참기름을 넣어 볶는다. 노릇해지기 시작하면 돼지고기를 넣어 볶는다. 고기의 색이 변하면 Ⓐ를 넣어 섞으면서 잘 볶는다. 그릇에 담고 참깨를 뿌린다.

조리시간 15분

Advice

잘 익도록 길게 마구썰기 한다
당근을 볶을 때는 잘 익었는지가 중요하다. 길게 4등분 한 것을 5~6cm 길이로 마구썰기 하면 잘 익고 먹기도 좋다.

2개 사용

조리시간
30분

천천히 끓여 깊은 국물을 낸

당근 포토푀*

재료 [2인분]

당근	2개(300g)
닭봉	4개
병아리콩	100g
Ⓐ 물	4컵
치킨스톡(콘소메) 가루	
	1/2큰술
소금	1/2작은술
후추	약간
로리에(있으면)	1장

만드는 법

1 당근은 길게 반으로 자르고 굵은 부분은 세로로 절반 가른다.

2 냄비에 Ⓐ를 넣고 섞어 당근, 닭고기, 삶은 병아리콩을 넣은 뒤 강불로 끓인다. 한소끔 끓으면 거품을 걷어내고 약불로 20~25분 끓인다.

Advice

큼직하게 잘라 넣고 천천히 끓여 깊은 맛을 끌어낸다

포토푀답게 당근을 큼직하게 자른다. 천천히 푹 끓이면 당근 특유의 부드러운 맛을 끌어낼 수 있다.

◆ 포토푀 pot-au-feu: 프랑스 대표 가정식 요리로 고기와 채소를 넣고 푹 끓여낸 수프

자투리 채소는 반찬거리로! 126쪽

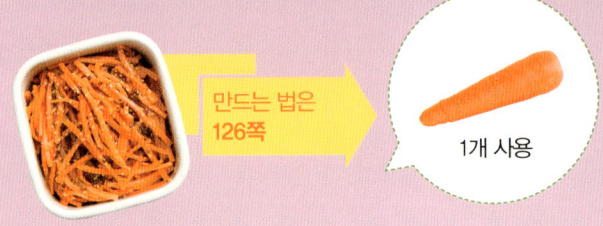

만드는 법은
126쪽

1개 사용

당근의 산뜻한 색이 식욕을 자극하는

당근 라페* 샌드위치

재료 [2인분]

당근 머스터드&비니거 무침 … 전량
식빵(샌드위치용)············· 8장
버터 ················· 적당량

만드는 법

1 식빵은 2장을 세트로 하여 안쪽 면에
   버터를 바른다.

2 당근 머스터드 & 비니거 무침의 국
   물을 따라낸 후, 빵 사이에 끼우고
   랩으로 감싸 5분 정도 그대로 둔다.

3 먹기 좋은 크기로 잘라 접시에 담는다.

┌─ **Point!** ─────────
│ **단백질이 풍부한 재료를 추가해 영양 밸런**
│ **스를 맞춰도 좋다**
│ 랩으로 감싸 잠시 두면 빵과 당근이 어우러
│ 져 모양이 흐트러지지 않는다. 치즈나 햄을
│ 넣으면 영양 밸런스가 좋아진다.
└──────────────

조리시간
10분

도시락

◆ 라페 rapees: 당근을 채 썰어 올리브오일 식초, 소금 등에 버무려 만든 산뜻한 맛의 샐러드

감귤의 새콤한 맛이 어우러진

지중해풍 마리네

재료 [2인분]

당근 머스터드&비니거 무침 … 전량
씨푸드믹스(냉동) ············· 200g
그레이프프루트 ············· 1/2개

만드는 법

1 해동한 씨푸드믹스는 끓는 물에 소
   금을 약간(분량 외) 넣은 뒤 살짝 데
   쳐 체에 걸러 식힌다.
2 그레이프프루트는 작게 나누어 얇은
   껍질을 벗겨내고 반으로 나눈다.
3 믹싱볼에 당근 머스터드&비니거 무
   침과 1, 2를 넣고 버무린다.

Point!

어패류&감귤류&조미료가 조화를 이룬다!
어패류 마리네에 감귤류인 그레이프프루트
를 함께 먹는 지중해식 요리다. 어패류의 맛
에 감귤류의 산뜻함과 당근 머스터드&비니
거 무침의 새콤함이 더해져 절묘하게 조화
를 이룬다. 그레이프프루트는 오렌지로 대
신해도 좋다.

조리시간
10분

양파를 남김없이 사용하자!

양파는 보관하기는 좋지만 오래 두면 싹이 나거나 물러지기 쉽다.
드레싱에 절여 놓으면 10일 정도는 냉장보관할 수 있다.

2개 사용

시간이 지나도 바삭바삭한

어니언링

재료 [2~3인분]

양파	2개(400g)
밀가루, 빵가루	적당량
A 밀가루	1컵
물	2/3컵
튀김용 기름	적당량
토마토케첩, 프렌치머스터드	
	적당량

조리시간
20분

도시락

만드는 법

1 양파는 1~1.5cm 두께로 통썰기
해 링 3개씩 나누어 밀가루를 묻힌
다. 중심 부분에도 따로 밀가루를
묻힌다.

2 그릇에 **A**를 넣어 섞고 1을 담근 뒤
빵가루를 입힌다.

3 프라이팬에 튀김용 기름을 2cm 깊
이로 붓고 170℃로 가열한 뒤, 2를
넣는다. 빵가루가 굳어지면 뒤집어
가면서 5~6분 튀긴 다음, 마무리로
강불에서 1분 정도 튀겨 기름기를
뺀다. 접시에 담고, 케첩, 프렌치머
스터드를 곁들인다.

Advice

**밀가루를 2번에 나누어 묻히는 것이 바삭바삭
함의 비결!**
바삭바삭한 튀김옷을 입히려면 양파에 밀가루
를 묻힌 뒤 튀김옷을 입힌다. 그렇게 하면 빵가
루를 꼼꼼하게 묻힐 수 있다. 벗겨지기 쉬우므
로 달걀물은 묻히지 않는다.

조리시간
10분

2개 사용

천천히 끌어낸 단맛에 이끄는

통 양파 전자레인지 찜

재료 [2인분]

양파	2개(400g)
가다랑어포	3g
잔멸치	4큰술
멘쓰유(3배 농축)	적당량

 **Advice**

칼집을 넣고 가열한 뒤, 남은 열로 푹 익힌다
양파를 완전히 익혀 단맛을 최대한 끌어내는 것
이 포인트다. 양파 윗부분에 열십자 모양으로
칼집을 넣고 전자레인지에서 가열한 뒤, 잠시
그대로 두어 남은 열로 푹 익힌다

만드는 법

1 꼭지를 잘라낸 양파에 1/3 정도 깊이의
   열십자 모양으로 칼집을 넣는다.
2 내열 접시에 양파를 놓고 랩을 헐겁게
   감싼 뒤, 전자레인지에 넣고 7분 정도
   가열한다(턴테이블 식 전자레인지가 아니라
   면 골고루 익지 않으므로 5분 가열하고 접시의
   좌우를 바꾸어 2분 더 가열한다). 랩을 덮은
   채로 5분 정도 그대로 둔다.
3 접시에 옮겨 가다랑어포와 잔멸치를 뿌
   리고 멘쓰유를 끼얹는다.

자투리 채소는 반찬거리로! 127쪽

137

만드는 법은
127쪽

1개 사용

드레싱 자체의 맛을 살린

연어 마리네

재료 [2인분]

양파 드레싱 절임 ·············· 전량
훈제연어 ················· 1팩(70g)
방울토마토 ···················· 8개

만드는 법

1 방울토마토는 세로로 이등분 한다.
2 양파 드레싱 절임은 가볍게 국물을
   따라낸 뒤, 믹싱볼에 넣고 훈제연어,
   1과 함께 버무린다.

┌─ **Point!** ─────────────┐
국물을 따라내고 사용한다
양파 드레싱 절임은 양파에서 수분이 나와
물이 많이 생긴다. 짜낼 필요는 없지만 어느
정도 물기를 없애고 사용하자.
└──────────────────────┘

조리시간
5분

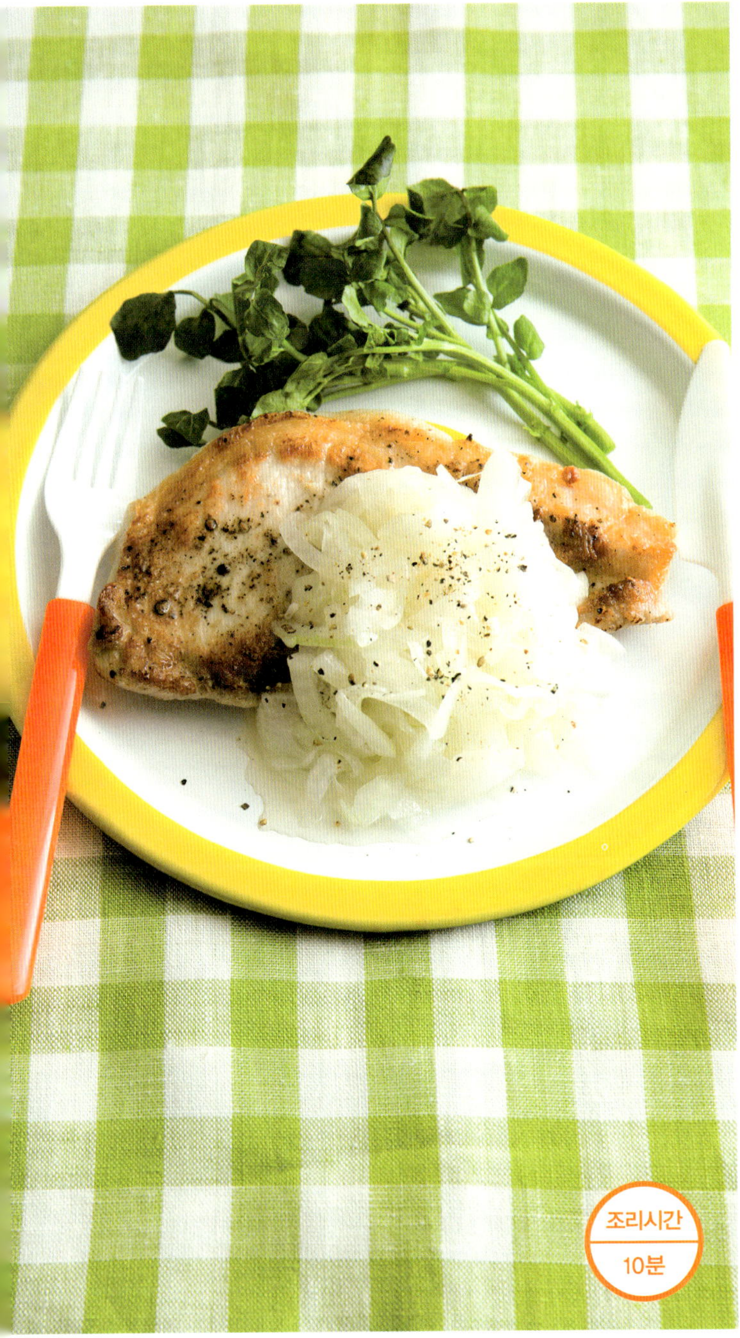

고기에 곁들여도 안성맞춤

양파소스를 곁들인 돼지고기 소테

재료 [2인분]

양파 드레싱 절임	전량
돼지고기 등심(돈카쓰용)	2장(250g)
소금, 후추	약간씩
밀가루	적당량
식용유	1/2큰술
크레송	적당량
굵은 흑후추	약간

만드는 법

1 돼지고기는 힘줄을 잘라내고 칼등으로 가볍게 두드린다. 소금, 후추를 뿌리고 밀가루를 가볍게 묻힌다.

2 프라이팬에 식용유를 두르고 중불로 달군 뒤 1을 굽는다. 3분 정도 구워 노릇해지면 고기를 뒤집고, 뚜껑을 덮어 약불로 2~3분 더 익힌다.

3 양파 드레싱 절임은 국물을 가볍게 따라내고 크레송과 함께 곁들인다. 흑후추를 뿌린다.

Point!

곁들이는 채소도 신선하게 보관하자!

크레송은 깊이가 있는 보관용기에 물을 1~2cm 정도 담고 심 부분을 물에 꽂은 뒤 뚜껑을 닫아 보관한다. 잎에는 물기가 닿지 않게 하는 것이 신선도를 유지하는 요령이다. 파슬리도 같은 방법으로 보관한다.

조리시간
10분

고구마를 남김없이 사용하자!

큰직한 크기의 고구마는 한번에 사용하지 못할 때가 많다. 오래 두면 단면에 곰팡이가 슨 것처럼 되면서 시들게된다.
신선할 때 익혀서 보관하면 버리지 않고 먹을 수 있다.

산뜻한 고구마 향이 입안에 감도는

고구마
마멀레이드 찜

냉장
3~4일

1/2개 사용

재료 [2인분]

고구마 ················ 1/2개(150g)
Ⓐ 오렌지 마멀레이드 ······ 3큰술
　설탕 ···················· 4큰술
　물 ·················· 1과 1/2컵

만드는 법

1　고구마는 껍질째 7~8mm 두께로 통
　썰기 하여 5분 정도 물에 담갔다가
　물기를 뺀다.

2　냄비에 Ⓐ를 넣고 섞은 뒤 고구마를
　넣는다. 중불로 가열하여 끓기 시작
　하면 오토시부타를 덮고 약한 불로 7
　분 정도 익힌다. 국물 속에 둔 채 그
　대로 식힌다.

조리시간
15분

도시락

Advice

조림의 색이 고와진다.
고구마는 전분을 많이 포함하고 있다.
물에 5분 정도 담그면 전분이 빠져 나와
요리의 색이 고와지고 고구마가 부스러
지지 않는다.

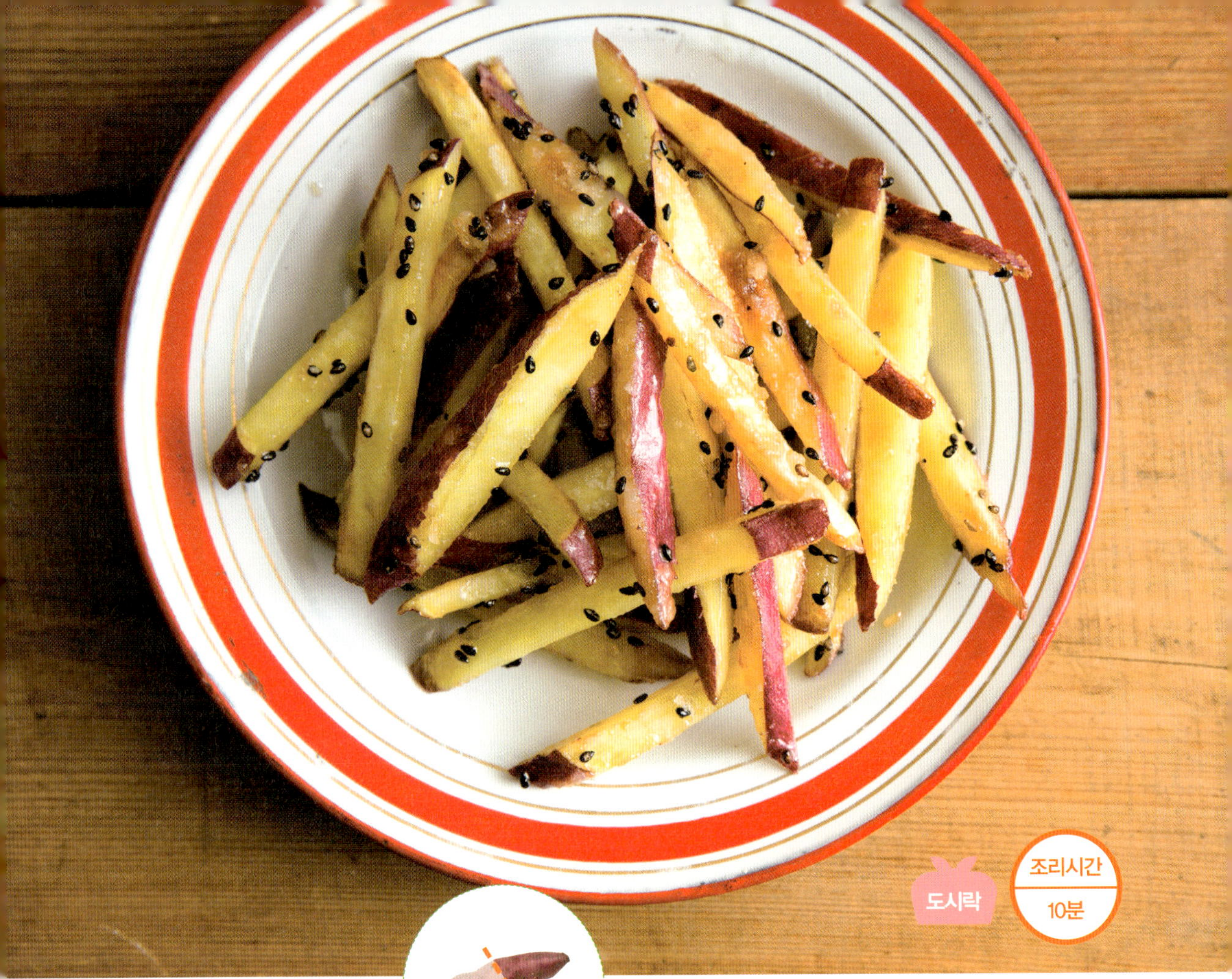

1/2개 사용

튀기지 않아도 바삭바삭 맛있는

볶은 고구마 맛탕

재료 [2인분]

고구마	1/2개(150g)
설탕	2큰술
간장, 볶은 참깨	1/2작은술씩
식용유	1큰술

만드는 법

1 고구마는 껍질째 7~8mm 두께로 통썰기 하여 채 썬다. 물에 살짝 헹군 다음, 물기를 닦아낸다.

2 프라이팬에 식용유를 두르고 중불로 달군 뒤 고구마를 넣고 3~4분 정도 볶는다. 이쑤시개로 찔러 익었으면 설탕을 넣어 볶다가, 설탕이 녹으면 간장과 참깨를 넣어 살짝 볶아낸다.

Advice

어슷썰기 하여 채 썰면 고구마가 잘 익는다.

고구마를 어슷썰기 하여 7~8mm 정도 폭으로 채 썰면, 모양도 깔끔하고 잘 익는다.

자투리 채소는 반찬거리로! 127쪽

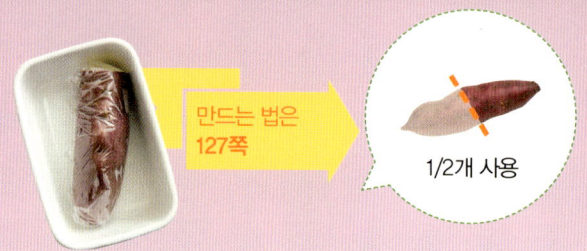

만드는 법은
127쪽

1/2개 사용

홀그레인머스터드가 단맛을 끌어내는

고구마
요구르트 샐러드

재료 [2인분]

고구마 전자레인지 찜 ········ 전량
햄 ································· 2장
Ⓐ 플레인 요구르트 ······· 2큰술
　마요네즈, 홀그레인머스터드
　····················· 1/2큰술씩
　소금, 후추 ············· 약간씩

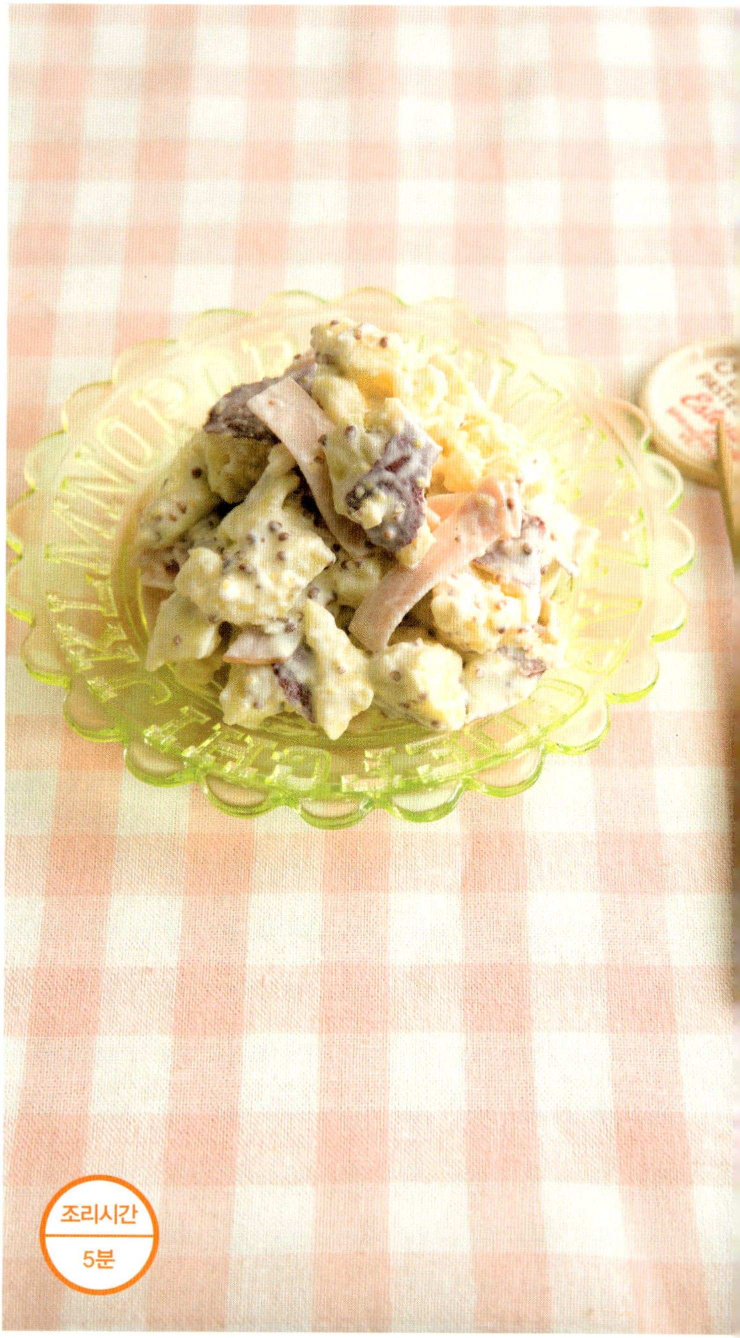

만드는 법

1　고구마 전자레인지 찜을 껍질째 손
　으로 작게 뜯는다. 햄은 1cm 폭으로
　먹기 좋게 썬다.

2　믹싱볼에 Ⓐ를 넣고 섞은 뒤, 1을 더
　해 버무린다.

┌─ Point! ─
│ **작게 뜯을 때는 손이 편하다**
│ 전자레인지에서 찐 고구마는 포크로 뜯으면
│ 껍질까지 뜯기 어렵다. 손으로 뜯는 편이 빠
│ 르고 조각도 예쁘게 된다.
└─

조리시간
5분

도시락

조리시간
10분

식어도 맛있어 도시락 반찬에 좋은

고구마 치즈 전

재료 [2인분]

고구마 전자레인지 찜 ········ 전량
밀가루 ······················ 적당량
A ┌ 달걀물 ················ 2개 분량
  │ 치즈가루 ··············· 1큰술
  └ 소금, 후추 ············ 약간씩
식용유 ···················· 1/2큰술
토마토케첩 ··············· 적당량

만드는 법

1 고구마 전자레인지 찜은 1~1.5cm 폭
   으로 통썰기 하여 밀가루를 얇게 묻힌
   다. Ⓐ 는 섞어둔다.

2 프라이팬에 식용유를 두르고 중불로
   달군 뒤, 고구마에 Ⓐ 를 묻혀 굽는
   다. 달걀이 굳으면 뒤집은 다음, Ⓐ
   를 다시 묻혀서 굽는다. 달걀이 완전
   히 굳을 때까지 뒤집어가며 굽는다.
   접시에 담고 케첩을 뿌린다.

● Point!

밀가루를 묻히면 달걀물이 잘 입힌다
고구마에 얇게 밀가루를 묻혀두면 달걀물이
잘 입힌다. 달걀물에 파슬리를 넣으면 보기에
도 예쁘고 맛도 좋아진다.

143

우엉을 남김없이 사용하자!

우엉 맛의 핵심은 향이다. 보관하는 동안 향이 없어지므로 될 수 있는 한 빨리 먹는다. 껍질 벗기기와 익히기를 해둔 상태로 보관한다.

1/2개 사용

매콤한 소스와 우엉 향이 식욕을 자극하는

우엉 돼지고기
미소 볶음

재료 [2인분]

우엉	1/2개(100g)
돼지고기 잘게 썬 것	120g
식용유	1/2큰술
Ⓐ 붉은 고추(씨를 바른 것)	1/2개
미소	1/2큰술
맛술	1큰술
설탕	1작은술
간장	1/3작은술

만드는 법

1 우엉은 칼로 껍질을 긁어내 5~6cm 길이로 얇게 어슷썰기 한다. 물에 5분 정도 담갔다가 건져내어 물기를 잘 뺀다. Ⓐ는 섞어둔다.

2 프라이팬에 식용유를 두르고 중불로 달군 뒤, 우엉을 3~4분 볶는다. 숨이 죽으면 돼지고기를 넣고 고기의 색이 변할 때까지 볶다가 Ⓐ를 넣어 섞으면서 볶는다.

조리시간 10분

도시락

 **Advice**

껍질을 긁을 때는 칼등으로
우엉 껍질은 얇고 약하므로 칼등으로 문지르듯이 긁어 벗긴다. 수세미로 문질러도 잘 벗겨진다.

144

1/2개 사용

조리시간
20분

데친 우엉을 넣은 델리 샐러드

재료 [2인분]

우엉	1/2개(100g)
크레송	2단
카망베르 치즈	1/2개
Ⓐ 올리브오일	1큰술
레몬즙	2작은술
프렌치머스터드	1작은술
소금, 후추	약간씩

만드는 법

1 우엉은 껍질을 긁어내 5cm 길이로 자른다. 물을 넉넉하게 담은 냄비에 우엉을 넣고 중불로 가열하여 끓어오르면 불을 줄여 약불로 12~13분 더 끓인다. 이쑤시개로 찔러 익었으면 체에 밭친다. 한 김 식으면 봉으로 두드려 손으로 찢어둔다.

2 크레송은 잎을 떼어내고 카망베르 치즈는 방사형으로 8등분 한다.

3 믹싱볼에 우엉, 크레송, 카망베르 치즈를 넣고 Ⓐ로 버무린다.

Advice

두드려서 찢으면 씹는 맛과 향이 한층 좋아진다
데친 우엉은 칼로 자르지 않고 봉으로 두드려 손으로 찢는다. 두드리면 우엉의 씹는 맛도 좋아지고 다른 재료와도 잘 어우러진다.

자투리 채소는 반찬거리로! 127쪽

만드는 법은
127쪽

1/2개 사용

버무리기만 하면 완성되는

고소한
우엉 샐러드

재료 [2인분]

우엉채 볶음 ················· 전량
Ⓐ 마요네즈 ········ 1과 1/2큰술
　빻은 참깨············ 1/2큰술
　레몬즙 ··········· 1/3작은술
　겨자, 소금, 후추 ······ 약간씩

만드는 법

믹싱볼에 Ⓐ를 넣어 섞은 뒤, 우엉채 볶음을 넣고 버무린다. 그릇에 담고 기호에 따라 반달모양으로 얇게 썬 레몬을 곁들인다.

┌ Point! ┐
버무리는 양념과 우엉 조리법에 따라 맛이 달라진다
버무리기만 하면 되는 간단한 샐러드다. 샐러드에 사용하는 우엉은 데칠 때가 많지만 볶으면 향이 한층 좋아지고 색다른 맛이 난다.

조리시간
5분

도시락

★ 이렇게 먹는 방법도 있다!
・밥에 섞거나, 볶음밥의 재료로도 활용한다.
・미트볼에 넣어도 맛있다.

식이섬유 풍부한 우엉으로 포만감 좋게

미소와 버터로 맛을 낸 우엉 라면

재료 [2인분]

우엉채 볶음	전량
중화면	2봉지
미소 수프(시판)	2봉지
옥수수 통조림	100g
버터	20g

만드는 법

1 우엉채 볶음은 전자레인지에 넣어 1분 30초 정도 데운다.

2 미소 수프는 끓는 물에 풀어 그릇에 담는다. 중화면은 포장지에 표시된 대로 삶아 물기를 빼고 그릇에 담는다.

3 2에 1, 옥수수, 버터를 얹는다.

> **Point!**
> **우엉과 궁합이 좋은 재료와 짝짓는다**
> 우엉과 미소, 버터는 궁합이 잘 맞는 재료다. 채소와 탄수화물을 함께 먹을 수 있는 풍성한 요리로 완성된다.

조리시간
10분

147

건강한 식생활을 이야기할 때 빠지지 않는 것 중 하나가 채소 섭취다. '어떤 방법으로 먹든지 채소 섭취는 언제나 옳다'는 말도 있을 정도로 채소는 대부분의 사람이 중요하게 여기는 음식 재료이다. 한국영양학회에서 권장하는 한국인 하루 채소 섭취량은 490g이다. 언뜻 그 정도는 먹고 있다고 생각할지 모르지만, 실제 섭취량은 252g으로 많이 부족하다. 그나마 김치에서 40% 정도를 섭취한다고 하니, 우리는 다양한 채소를 먹지 않는다.

육류 위주의 식사, 패스트푸드… 등 여러 가지 이유를 들 수 있지만, 가장 큰 이유는 집에서 잘 해먹지 않아서일 것이다. 막상 집에서 요리하더라도 채소 반찬을 해먹기는 쉽지 않다. 채소는 많이 먹어야 한다는 생각에 습관적으로 사 두기도 하고, 무슨 요리를 하든지 조금씩이라도 들어가는 재료기에 냉장고에 항상 들어있지만, 있는 것도 챙겨 먹지 못할 때가 많다.

게다가 채소는 의외로 손도 많이 가고 다루기도 어려운 재료다. 바쁠 때는 채소를 일일이 손질하는 과정이 엄두가 안 나서 아예 먹는 것을 포기할 때도 있다. 먹다 남으면 냉동실에 보관하는 육류와는 다르게 보관도 쉽지 않고 제때 먹지 않으면 시들어서 버리기 일쑤다. '어떻게 하면 채소를 남김없이 잘 활용할 수 있을까.'는 요리하는 사람이라면 누구나 한 번쯤 해봤음 직한 고민이다.

비슷한 고민을 하던 사람들이 이 책을 보면 눈이 번쩍 뜨이지 않을까 싶다. 이 책에는 사람들이 어렴풋이 알고 있거나 혹은 잘못 알고 있기도 한 채소 보관법부터, 조금씩 남기 일쑤인 채소를 서로 섞기도 하고 양념하기도 하여 다음에 쉽게 쓸 수 있게 보관하는 법과 보관한 재료를 응용할 수 있는 레시피까지……, 고민의 해결책이 유기적으로 연결되어 실려 있다. 아직 요리에 대해 아무것도 몰라 도대체 어디서부터 시작할지 엄두가 안 나는 요리 초보자뿐 아니라, 지금

까지 해온 요리 패턴을 보다 건강하게 바꾸고 싶어 하는 베테랑 주부에게도 좋은 길잡이가 될 수 있는 책이다. 나도 자의 반 타의 반 많은 시간을 부엌에서 보내는 사람이지만, 의외로 몰랐던 정보나 잘못 알고 있는 방법이 많았다. 또 나 자신이 항상 해 오던 습관에서 좀처럼 벗어나지 못한다는 사실을 이 책을 읽고 새삼 깨달았다.

인간에게는 '요리 본능'이라는 것이 있어서 타인이 요리하는 것을 보기만 해도 즐겁고 유쾌한 기분이 든다고 한다. 요즘 유행하는 TV 프로그램의 영향으로 '집밥 열풍'이 일고 있다는 기사를 보면 맞는 말인 듯하다. 이 열풍에 민감하게 반응해 보자. 그리고 기왕이면 채소를 듬뿍 사용하는 건강한 집밥 만들기를 실천해보자. 물론 처음에는 시간이 오래 걸리고 어설프겠지만, 하나씩 실천하다 보면 어느새 달라진 자신을 발견하게 될 것이다.

냉장고에 외로이 남아 주인의 손길을 기다리는 재료를 꺼내서 시작해도 좋고, 그동안 써보지 않았던 재료나 익숙하지 않은 맛의 양념을 갖추어 놓고 색다른 도전을 해봐도 좋다. 자신을 위한 요리여도 좋고, 누군가와 함께 나눌 음식이어도 좋다.

뭐든지 구경하는 것보다 직접 하는 것이 재밌다. 타인이 요리하는 모습만 봐도 즐거운데 하물며 직접 요리해 먹으면 얼마나 즐겁겠는가. 잠자고 있는 요리 본능을 깨워 하나씩 실천해 보자. 요리하는 즐거움에 먹는 즐거움, 함께 나누는 즐거움, 그리고 건강까지 덤으로 따라올 것이다.

2015년 9월
배성인

재료별 찾아보기

육류 · 육가공품

● 닭고기
닭고기 향채소 마리네 · · · · · · · · · · · · 32
닭고기 소송채 두유 크림 찜 · · · · · · 63
당근 포토푀 · · · · · · · · · · · · · · · · · · · 133
부추 간장을 끼얹은 닭찜 · · · · · · · · · 76
소송채와 닭안심 올리브오일 간장 파스타 · 39

● 돼지고기
당근과 삼겹살로 만든 한국식 볶음 · 132
돼지고기 부추 볶음밥 · · · · · · · · · · · · 77
돼지고기 샤브샤브와 두드린 오이 샐러드 · 66
부추를 얹은 돼지고기 두부찜 · · · · · · 75
양파소스를 곁들인 돼지고기 소테 · 139
우엉 돼지고기 미소 볶음 · · · · · · · · · 144
배추 & 파프리카 믹스의 중국식 덮밥 · 29

● 소고기
베트남식 바게트 샌드위치 · · · · · · · 114
소고기와 배추 스키야키 조림 · · · · · 108

● 다진 고기
단호박과 다진 고기를 넣은 사브지 · · 44

● 육가공품
고구마 요구르트 샐러드 · · · · · · · · · 142
버섯과 베이컨 치즈 볶음 · · · · · · · · · 121
양배추와 소시지 사우어크라우트 · · 106
생햄과 무 마리네 · · · · · · · · · · · · · · · 115
소송채 베이컨 말이 · · · · · · · · · · · · · · 65
숙주나물과 연어를 넣은 미소 버터 밥 ·

아스파라거스와 베이컨 타르틴느 · · 73
양상추와 베이컨으로 만든 초간단 샐러드 · 55
양배추 핫 샌드위치 · · · · · · · · · · · · · · 07
파프리카와 소시지 소스 볶음 · · · · · 117

어패류 · 수산가공품

● 생선
마늘과 소금으로 맛을 낸 방어 무 조림 · 112
브로콜리와 대구 중국식 찜 · · · · · · · · 97
소금과 생강으로 맛을 낸 대구 양배추 찜 · 47
숙주나물과 연어를 넣은 미소 버터 밥 · 61
삶은 양배추와 가다랑어 샐러드 · · · 105
연어와 무 유자 무침 · · · · · · · · · · · · · 30
임연수와 채소 치즈 찜 · · · · · · · · · · · 35
토마토소스를 끼얹은 임연수 소테 · · 90

● 새우 · 오징어 · 문어 · 조개
모시조개와 셀러리를 넣은 에스닉 수프 · 80
문어와 파프리카 세비체 · · · · · · · · · 119
버섯과 가리비 포일 구이 · · · · · · · · · 120
브로콜리 새우 샐러드 · · · · · · · · · · · · 98
양배추 & 당근 믹스와 새우의 레몬 마요네즈 무침 · 26
오징어와 아스파라거스 소금 볶음 · · 70
지중해풍 마리네 · · · · · · · · · · · · · · · · 35

● 수산가공품 · 달걀
구운 아스파라거스와 어묵 절임 · · · · 71

따끈따끈한 잔멸치 드레싱을 끼얹은 양상추 샐러드 · 55
셀러리와 연어를 넣은 베이글 샌드위치 · 81
소송채와 명란젓 전자레인지 볶음 · · 64
양상추와 게맛살 우스터소스 볶음 · · 56
연어 마리네 · · · · · · · · · · · · · · · · · · · 138
통 양파 전자레인지 찜 · · · · · · · · · · · 137

달걀 · 두부 · 콩 제품

● 달걀
고구마 치즈 전 · · · · · · · · · · · · · · · · · 143
부추 달걀부침 · · · · · · · · · · · · · · · · · · 74
브로콜리 새우 샐러드 · · · · · · · · · · · · 98
아스파라거스 코코트 키슈 · · · · · · · · 72
에그베네딕트식 감자 요리 · · · · · · · 131
칠리소스를 끼얹은 숙주나물 달걀 요리 · 58

● 두부
버섯소스를 끼얹은 두부 스테이크 · 122
부추를 얹은 돼지고기 두부찜 · · · · · · 75
브로콜리 참깨 미소 무침 · · · · · · · · · 99
소고기와 배추 스키야키 조림 · · · · · 108

● 콩 제품
닭고기 소송채 두유 크림 찜 · · · · · · 63
소송채 낫토 무침 · · · · · · · · · · · · · · · · 65
튀긴 두부와 숙주나물 앙카케 · · · · · · 60

유제품

● 우유
단호박 포타주 · · · · · · · · · · · · · · · · · 103

● 치즈
고구마 치즈 전 · · · · · · · · · · · · · · · · · 143
단호박 치즈 그릴 · · · · · · · · · · · · · · · 101
데친 우엉을 넣은 델리 샐러드 · · · · · 145
버섯과 베이컨 치즈 볶음 · · · · · · · · · 121
아이올리 포테이토 · · · · · · · · · · · · · · 130
양상추 샐러드 김밥 · · · · · · · · · · · · · · 57
일본식 카프레제 · · · · · · · · · · · · · · · · 88
임연수와 채소 치즈 찜 · · · · · · · · · · · 35
치즈를 뿌린 배추 시저 샐러드 · · · · 109
파프리카 미니 피자 · · · · · · · · · · · · · 118
파프리카 핀초스 · · · · · · · · · · · · · · · 116

● 요구르트
가지를 넣은 터키식 요구르트 딥 · · · 95
고구마 요구르트 샐러드 · · · · · · · · · 142
요구르트 미소 절임 · · · · · · · · · · · · · · 48

● 그 외 유제품
카페식 구운 감자 · · · · · · · · · · · · · · · 128

채소

● 시소
일본식 카프레제 · · · · · · · · · · · · · · · · 88

● 순무새싹
가지나물 · 94
우메보시를 곁들인 배추 우동 · · · · · 111

● 순무
순무 우메보시 무침 · · · · · · · · · · · · · · 82
순무 & 브로콜리 믹스 · · · · · · · · · · · · 24
순무와 브로콜리를 넣은 톳 샐러드 · · 34
중국식 마늘 절임 · · · · · · · · · · · · · · · · 48
임연수와 채소 치즈 찜 · · · · · · · · · · · 35
임연수와 채소 치즈 찜 · · · · · · · · · · · 35

● 단호박

단호박 전자레인지 찜 · · · · · · · · · · 100
단호박 치즈 그릴 · · · · · · · · · · · · 101
단호박 카레 매시 · · · · · · · · · · · · 86
단호박 포타주 · · · · · · · · · · · · · 103
단호박 & 양파 믹스 · · · · · · · · · · · 41
단호박과 건포도를 넣은 카레맛 마요네
즈 샐러드 · · · · · · · · · · · · · · · 102
단호박과 다진 고기를 넣은 샤브지 · · ·
· 44
단호박과 옥수수 차킨즈쓰미 · · · · · · 82
단호박을 넣은 카레맛 크림 그라탱 · · · 5

● 꼬투리콩

감자와 꼬투리콩 카레맛 볶음 · · · · 129

● 버섯

만가닥버섯과 가지 케첩소스 볶음 · 82
무 & 만가닥버섯 믹스 · · · · · · · · · 23
무 & 만가닥버섯 믹스 미소 조림 · · · 31
버섯 믹스 간장 조림 · · · · · · · · · · 87
버섯과 가리비 포일 구이 · · · · · · · 120
버섯과 베이컨 치즈 볶음 · · · · · · · 121
버섯소스를 끼얹은 두부 스테이크 · · ·
· 122
버섯 간장 조림에 찍어 먹는 소바 · 123
소송채 & 표고버섯 믹스 · · · · · · · 25
소송채와 닭안심 올리브오일 간장 파스
타 · 39
소송채 & 표고버섯 마요네즈 우스터소스
볶음 · · · · · · · · · · · · · · · · · · · 38

● 양배추

양배추와 소시지 사우어크라우트 · 106
삶은 양배추와 가다랑어 샐러드 · · · 105
양배추 허니 코울슬로 · · · · · · · · · 86
양배추 & 당근 믹스 · · · · · · · · · · 22
양배추 & 당근 믹스와 새우의 레몬 마요
네즈 무침 · · · · · · · · · · · · · · · ·
· 26
양배추 & 대파 믹스 · · · · · · · · · · 41
양배추와 대파를 넣은 김치 수프 · · 46
참깨 미소 쌈장 · · · · · · · · · · · · 104
양배추 & 당근 믹스의 오코노미야키식
볶음 · · · · · · · · · · · · · · · · · · · 27
양배추 핫 샌드위치 · · · · · · · · · · 107

● 오이

강판에 간 오이와 참치를 끼얹은 우동
· 67

돼지고기 샤브샤브와 두드린 오이 샐러
드 · 66
숙주나물 중국식 무침 · · · · · · · · · 61
오이 소금 생강 무침 · · · · · · · · · · 52
미역과 오이 생강 초무침 · · · · · · · 68
중국식 마늘 절임 · · · · · · · · · · · · 48
초간단 마제수시 · · · · · · · · · · · · 69

● 그린 아스파라거스

구운 아스파라거스와 어묵 절임 · · · 71
그린 아스파라거스 익히기 · · · · · · 53
아스파라거스 코코트 카슈 · · · · · · 72
아스파라거스 페페론치노풍 · · · · · 82
아스파라거스와 베이컨 타르틴 · · · 73
오징어와 아스파라거스 소금 볶음 · 70

● 크레송

데친 우엉을 넣은 델리 샐러드 · 145

● 고야

요구르트 미소 절임 · · · · · · · · · · 48

● 우엉

고구마 전자레인지 찜 · · · · · · · · 127
고소한 우엉 샐러드 · · · · · · · · · 146
데친 우엉을 넣은 델리 샐러드 · 145
연근 & 우엉 믹스 · · · · · · · · · · · 25
연근과 우엉 마늘 볶음 · · · · · · · · 37
연근과 우엉 칩을 얹은 일본식 샐러드
· 36
요구르트 미소 절임 · · · · · · · · · · 48
우엉 돼지고기 미소 볶음 · · · · · · 144
미소와 버터로 맛을 낸 우엉 라면 · · · ·
· 147
우엉 & 당근 믹스 · · · · · · · · · · · 40
우엉과 당근으로 만든 호두 긴피라 · · ·
· 42
우엉과 당근으로 만든 다쓰타 튀김 · · ·
· 43

● 소송채

닭고기 소송채 두유 크림 찜 · · · 63
소송채 낫토 무침 · · · · · · · · · · · 65
소송채 데치기 · · · · · · · · · · · · · 52
소송채 명란젓 전자레인지 볶음 · · 64
소송채 베이컨 말이 · · · · · · · · · · 65
소송채 즉석 수프 · · · · · · · · · · · 64
소송채 오일 코팅 · · · · · · · · · · · 52
소송채 & 표고버섯 믹스 · · · · · · · 25
소송채와 닭안심 올리브오일 간장 파스
타 · 39

소송채와 옥수수 마늘 버터 볶음 · · 62
소송채 & 표고버섯의 마요네즈 우스터소
스 볶음 · · · · · · · · · · · · · · · · · 38

● 고구마

고구마 마멀레이드 찜 · · · · · · · · 140
고구마 요구르트 샐러드 · · · · · · · 142
고구마 전자레인지 찜 · · · · · · · · 127
고구마 치즈 전 · · · · · · · · · · · · 143
볶은 고구마 맛탕 · · · · · · · · · · · 141

● 감자

감자 전자레인지 찜 · · · · · · · · · 126
감자와 꼬투리콩 카레맛 볶음 · · · 129
아이올리 포테이토 · · · · · · · · · · 130
에그베네딕트식 감자 요리 · · · · · 131
카페식 구운 감자 · · · · · · · · · · 128

● 고수

베트남식 바게트 샌드위치 · · · · · 114

● 생강

소금과 생강으로 맛을 낸 대구 양배추
찜 · 47
오이 소금 생강 무침 · · · · · · · · · 52
미역과 오이 생강 초무침 · · · · · · 68
초간단 마제수시 · · · · · · · · · · · · 69
토마토 생강 절임 · · · · · · · · · · · 89

● 애호박

머스터드 피클 · · · · · · · · · · · · · 48

● 셀러리

갈아 만든 채소 드레싱 · · · · · · · · 33
닭고기 향채소 마리네 · · · · · · · · 32
모시조개와 셀러리를 넣은 에스닉 수프
· 80
셀러리 소금 레몬 무침 · · · · · · · · 53
셀러리 잎과 무청을 넣은 맑은장국 · · ·
· 80
셀러리 잎으로 만든 고명 · · · · · · 32
셀러리 & 양파 믹스 · · · · · · · · · · 24
셀러리와 가리비를 넣은 마요네즈 폰즈
샐러드 · · · · · · · · · · · · · · · · · 79
셀러리 & 양파 믹스의 가다랑어포 무침
· 33
셀러리와 연어를 넣은 베이글 샌드위치
· 81
소금으로 간 한 셀러리 볶음 국수 · 78
중국식 마늘 절임 · · · · · · · · · · · 48

● 무

다시마 간장 절임 · · · · · · · · · · · 48
마늘과 소금으로 맛을 낸 방어 무 조림
· 112
무 껍질로 만든 매콤한 긴피라 · · · · 31
무 레몬 초절임 · · · · · · · · · · · · · 87
무 스테이크 · · · · · · · · · · · · · · 113
무 & 만가닥버섯 믹스 · · · · · · · · · 23
무 & 만가닥버섯 믹스 미소 조림 · · · 31
베트남식 바게트 샌드위치 · · · · · 114
생햄과 무 마리네 · · · · · · · · · · · 115
셀러리 잎과 무청을 넣은 맑은장국 · · ·
· 80
연어와 무 유자 무침 · · · · · · · · · 30

● 양파

갈아 만든 채소 드레싱 · · · · · · · · 33
단호박 & 양파 믹스 · · · · · · · · · · 41
닭고기 향채소 마리네 · · · · · · · · 32
돼지고기 샤브샤브와 두드린 오이 샐러
드 · 66
머스터드 피클 · · · · · · · · · · · · · 48
셀러리 & 양파 믹스 · · · · · · · · · · 24
셀러리 & 양파 믹스의 가다랑어포 무침
· 33
양파 드레싱 절임 · · · · · · · · · · 127
양파소스를 곁들인 돼지고기 소테 · · ·
· 139
어니언링 · · · · · · · · · · · · · · · · 136
연어 마리네 · · · · · · · · · · · · · · 138
통 양파 전자레인지 찜 · · · · · · · 137

● 완두새싹

숙주나물과 완두새싹 무침 · · · · · · 60

● 토마토 · 미니 토마토

아보카도와 살사소스로 버무린 냉파스
타 · 91
연어 마리네 · · · · · · · · · · · · · · 138
일본식 카프레제 · · · · · · · · · · · · 88
토마토 생강 절임 · · · · · · · · · · · 89
토마토 프레시 살사 · · · · · · · · · · 84
토마토소스를 끼얹은 임연수 소테 · · 90

● 가지

가지 데리야키 덮밥 · · · · · · · · · · 92
가지 미소 조림 · · · · · · · · · · · · · 93
가지 전자레인지 찜 · · · · · · · · · · 85
가지나물 · · · · · · · · · · · · · · · · 94
가지를 넣은 터키식 요구르트 딥 · · 95
다시마 간장 절임 · · · · · · · · · · · 48

151

만가닥버섯과 가지 케첩소스 볶음 ·· 82

● 부추
돼지고기 부추 볶음밥 ············ 77
부추 간장을 끼얹은 닭찜 ········· 76
부추 간장 절임 ················· 53
부추 달걀부침 ·················· 74
부추를 얹은 돼지고기 두부찜 ····· 75

● 당근
갈아 만든 채소 드레싱 ··········· 33
당근 라페 샌드위치 ············ 134
당근 머스터드 & 비니거 무침 ···· 126
당근 참치 긴피라 ··············· 82
당근 포토푀 ·················· 133
당근과 삼겹살로 만든 한국식 볶음 ··
······························ 132
양배추 & 당근 믹스 ············· 22
요구르트 미소 절임 ············· 48
우엉 & 당근 믹스 ··············· 40
우엉과 당근으로 만든 호두 긴피라 ·· 42
우엉과 당근으로 만든 다쓰타 튀김 ·· 43
지중해풍 마리네 ··············· 135
양배추 & 당근 믹스의 오코노미야키식
볶음 ·························· 27

● 마늘
마늘과 소금으로 맛을 낸 방어 무 조림
····························· 112
버섯과 베이컨 치즈 볶음 ········ 121
소금으로 간 셀러리 볶음 국수 ···· 78
연근과 우엉 마늘 볶음 ·········· 37
중국식 마늘 절임 ··············· 48

● 파
대파 미소 볶음 ················· 46
소송채 즉석 수프 ··············· 64
양배추 & 대파 믹스 ············· 41
양배추와 대파를 넣은 김치 수프 ··· 46

● 배추
배추 & 파프리카 믹스로 만든 한국식 샐
러드 ·························· 28
배추 소금 절임 ················· 86
배추 & 파프리카 믹스 ··········· 23
배추와 짜사이 무침 ············ 110
소고기와 배추 스키야키 조림 ···· 108
우메보시를 곁들인 배추 우동 ···· 111
배추 & 파프리카 믹스의 중국식 덮밥 ··
······························ 29
치즈를 뿌린 배추 시저 샐러드 ··· 109

● 파프리카
머스터드 파클 ················· 48
문어와 파프리카 세비체 ········ 119
배추 & 파프리카 믹스로 만든 한국식 샐
러드 ·························· 28
배추 & 파프리카 믹스 ··········· 23
붉은 파프리카 마리네 ··········· 87
배추 & 파프리카 믹스의 중국식 덮밥 ··
······························ 29
파프리카 미니 피자 ············ 118
파프리카와 소시지 소스 볶음 ···· 117
파프리카 타파스 ··············· 116

● 브로콜리
브로콜리 새우 샐러드 ··········· 98
브로콜리 데치기 ··············· 85
브로콜리 참깨 미소 무침 ········· 99
브로콜리를 넣은 그린소스 펜네 ··· 96
브로콜리와 대구 중국식 찜 ······· 97
순무 & 브로콜리 믹스 ··········· 24
순무와 브로콜리를 넣은 톳 샐러드 · 34
임연수와 채소 치즈 찜 ··········· 35

● 경수채
연근과 우엉 칩을 얹은 일본식 샐러드
······························ 36

● 양하
다시마 간장 절임 ··············· 48
초간단 마제스시 ··············· 69

● 숙주나물
숙주나물 튀김 ················· 59
숙주나물 멘쓰유 절임 ··········· 51
숙주나물 미소 무침 ············· 51
숙주나물 중국식 무침 ··········· 61
숙주나물과 연어를 넣은 미소 버터 밥 ·
······························ 61
숙주나물과 완두새싹 무침 ······· 60
칠리소스를 끼얹은 숙주나물 달걀 요리
······························ 58
튀긴 두부와 숙주나물 앙카케 ····· 60

● 양상추
따끈따끈 잔멸치 드레싱을 끼얹은 양상
추 샐러드 ····················· 55
미트소스를 끼얹은 구운 양상추 ··· 54
양상추 무침 ··················· 57
양상추 소금 절임 ··············· 50
양상추 오일 무침 ··············· 50
양상추 샐러드 김밥 ············· 57

양상추와 게맛살 우스터소스 볶음 ·· 56
양상추와 김 샐러드 ············· 56
양상추와 베이컨으로 만든 초간단 샐러
드 ··························· 55

● 연근
연근 & 우엉 믹스 ··············· 25
연근과 우엉 마늘 볶음 ··········· 37
연근과 우엉 칩을 얹은 일본식 샐러드 36

과일
무 레몬 초절임 ················· 87
셀러리 소금 레몬 무침 ··········· 53
아보카도와 살사소스로 버무린 냉파스
타 ··························· 91
양배추 & 당근 믹스와 새우의 레몬 마요
네즈 무침 ····················· 26
연어와 무 유자 무침 ············· 30
지중해풍 마리네 ·············· 135

견과류
우엉과 당근으로 만든 호두 긴피라 · 42

건조식품 · 통조림 · 절임
● 건조식품
단호박과 건포도를 넣은 카레맛 마요네
즈 샐러드 ···················· 102
순무와 브로콜리를 넣은 톳 샐러드 · 34
양상추와 김 샐러드 ············· 56
미역과 오이 생강 초무침 ········· 68

● 통조림
강판에 간 오이와 참치를 끼얹은 우동
······························ 67
단호박과 옥수수 차킨즈쓰미 ····· 82
단호박을 넣은 카레맛 크림 그라탱 · 45
당근 참치 긴피라 ··············· 82
당근 포토푀 ·················· 133
셀러리와 가리비를 넣은 마요네즈 폰즈
샐러드 ······················ 79
소송채와 옥수수 마늘 버터 볶음 ·· 62
양상추 샐러드 김밥 ············· 57
연근과 우엉 칩을 얹은 일본식 샐러드
······························ 36
미소와 버터로 맛을 낸 우엉 라면 · 147
초간단 마제스시 ··············· 69
파프리카 타파스 ··············· 116

● 절임
배추와 짜사이 무침 ············ 110
순무 우메보시 무침 ············· 82
양배추와 대파를 넣은 김치 수프 ·· 46
우메보시를 곁들인 배추 우동 ···· 111

밥 · 면 · 파스타 · 빵
● 밥
가지 데리야키 덮밥 ············· 92
돼지고기 부추 볶음밥 ··········· 77
숙주나물과 연어를 넣은 미소 버터 밥
······························ 61
양상추 샐러드 김밥 ············· 57
배추 & 파프리카 믹스의 중국식 덮밥 ·
······························ 29

● 면 · 파스타
강판에 간 오이와 참치를 끼얹은 우동
······························ 67
버섯 간장 조림에 찍어 먹는 소바 ···
····························· 123
브로콜리를 넣은 그린소스 펜네 ·· 96
소금으로 간 한 셀러리 볶음 국수 · 78
소송채와 닭안심 올리브오일 간장 파스
타 ··························· 39
아보카도와 살사소스로 버무린 냉파스
타 ··························· 91
우메보시를 곁들인 배추 우동 ···· 111
미소와 버터로 맛을 낸 우엉 라면 · 147

● 빵
당근 라페 샌드위치 ············ 134
베트남식 바게트 샌드위치 ······ 114
셀러리와 연어를 넣은 베이글 샌드위치
······························ 81
아스파라거스와 베이컨 타르틴느 ·· 73
양배추 핫 샌드위치 ············ 107

● 그 외
파프리카 미니 피자 ············ 118

단호박

보관기간 4~5일

잘라놓은 조각을 구입하는 경우가 많은 채소이다. 씨가 있는 속부터 상하기 쉬우므로 먼저 숟가락으로 과육을 긁어낸다. 잘린 면이 공기와 접하지 않도록 랩으로 단단히 싸서 냉장고 채소칸에 보관한다.

▶ 레시피는 100~103쪽

양배추

보관기간 4~5일

잘라놓은 조각을 구입하는 경우가 많은 채소이다. 잘린 면을 랩으로 꼼꼼히 싸서 냉장고 채소칸에 보관한다. 보관하는 동안 검게 변한 부분은 잘라내고 사용한다.

▶ 레시피는 104~107쪽

배추

보관기간 4~5일

통째로는 보관하기 쉬운 채소지만, 조각으로 잘라놓을 것을 살 때도 있다. 잘린 면을 랩으로 꼼꼼히 싸서 냉장고 채소칸에 보관한다.

▶ 레시피는 108~111쪽

버섯

보관기간 1주일

구입한 상태로 보관하면 팩 안쪽에 물방울이 생겨 물러지는 원인이 된다. 마른 키친타월에 싼 뒤 지퍼백에 넣어 냉장고 채소칸에 보관한다.

▶ 레시피는 120~123쪽

당근

보관기간 2~3주일

흙이 묻었으면 씻어낸다. 물기가 있으면 물러지므로 깨끗이 닦고, 수분 손실을 막기 위해 랩으로 하나씩 싸서 냉장고 채소칸에 보관한다. 겨울에는 상온에 보관해도 괜찮다.

▶ 레시피는 132~135쪽

우엉

보관기간 1~2주일

키친타월로 감싼 후 랩으로 싸서 냉장고 채소칸에 보관한다. 햇우엉이나 씻은 우엉은 흙우엉에 비해 신선도가 떨어지므로 빨리 사용한다.

▶ 레시피는 144~147쪽

파프리카

보관기간 1주일

건조와 저온에 약하므로 하나씩 랩으로 싸서 냉장고 채소칸에 보관한다. 에틸렌가스가 나와 다른 채소를 시들게 하므로 각각 랩으로 싸는 것이 중요하다.

▶ 레시피는 116~119쪽

브로콜리

보관기간 4~5일

지퍼백에 넣어 공기를 빼고 지퍼를 닫는다. 꽃송이 부분이 눌리지 않도록 냉장고 채소칸에 넣어 보관한다. 생으로 보관하기보다는 데치는 등 손질을 해서 보관하면 오래 간다.

▶ 레시피는 96~99쪽

셀러리

보관기간 1주일

잎으로 영양이 빠져나가므로 잎을 먼저 잘라내는 것이 신선하게 보관하는 요령이다. 잎은 물을 1cm 정도 담은 밀폐용기에 넣고, 나머지는 랩으로 싸서 냉장고 채소칸에 세워서 보관한다.

▶ 레시피는 78~81쪽

감자, 양파, 고구마

보관기간 2~3주일

구입 후 비닐이나 망에서 꺼내, 종이봉투에 옮겨 담는다. 바람이 잘 통하고 볕이 들지 않는 곳에 보관한다. 여름에는 감자와 양파를 냉장고 채소칸에 넣어두어도 좋다. 종이봉투는 입구를 접어서 완전히 닫지 않도록 한다. 바닥에 둘 때는 난방이 들어오는 곳에 두면 빨리 시들어 버리므로 주의한다. 감자는 싹이 나기 시작하면 영양이 손실되므로 빨리 싹을 도려내야 한다.

▶ 레시피는 감자 128~131쪽, 양파 136~139쪽, 고구마 140~143쪽

양상추

보관기간 1주일

밑동 주위에 엄지손가락을 넣고 원을 그리듯 돌아가며 찌른 뒤 심을 뽑아낸다. 심을 뽑아내고 난 구멍은, 물에 적셔 꼭 짠 키친타월로 막는다. 랩으로 전체를 감싸 냉장고 채소칸에 보관한다.

▶ 레시피는 54~57쪽

숙주나물

보관기간 2~3일

밀폐용기에 넣고 잠길 정도로 물을 부은 뒤, 뚜껑을 닫아 냉장고 채소칸에 보관하면 아삭한 식감을 유지할 수 있다. 이때 물은 매일 갈아주어야 한다. 시간이 흐를수록 영양가는 떨어지므로 빠른 시일 내에 조리한다.

▶ 레시피는 58~61쪽

소송채

보관기간 3~4일

마르지 않도록 물에 적셔 꼭 짠 키친타월로 전체를 감싼다. 지퍼백에 넣어 공기를 빼고 지퍼를 닫는다. 가능하면 냉장고 채소칸에 세워서 보관한다.

▶ 레시피는 62~65쪽

오이

보관기간 4~5일

한 개씩 랩으로 싸서 저온과 건조를 막는 것이 포인트이다. 헐겁게 감싸면 비닐 안쪽에 물방울이 생기는데 수분이 오이가 상하는 원인이 되므로 주의한다. 가능하면 세워서 냉장고 채소칸에 보관한다.

▶ 레시피는 66~69쪽

그린 아스파라거스

보관기간 3~4일

랩으로 싸서 냉장고 채소칸에 세워서 보관한다. 옆으로 뉘어서 보관하면 위로 자라려는 성질 때문에 영양 손실이 생기고 휘어지므로 주의한다.

▶ 레시피는 70~73쪽

토마토

보관기간 1주일

저온과 건조에 약하므로 하나씩 랩으로 싸서 냉장고 채소칸에 보관한다. 토마토에서는 에틸렌가스가 나와 다른 채소도 시들게 하므로 하나씩 랩으로 싸야 한다. 꼭지를 아래로 두고 눌리지 않도록 하여 냉장고 채소칸에 보관한다.

▶ 레시피는 88~91쪽

가지

보관기간 1주일

저온과 건조에 약하므로 하나씩 랩으로 싸서 냉장고 채소칸에 보관한다. 자르기 전에는 비교적 오래 보관할 수 있는 채소지만, 자르고 나면 금방 상하므로 손질을 해두는 편이 좋다.

▶ 레시피는 92~95쪽

무

보관기간 1주일

무청으로 영양분이 손실되므로 붙어 있을 때는 먼저 잘라낸다. 무청은 물을 1cm 정도 담은 밀폐용기에 넣어두고, 무는 랩으로 꼼꼼히 싸서 냉장고 채소칸에 보관한다.

▶ 레시피는 112~1115쪽

부추

보관기간 3~4일

잎이 접히면 그곳부터 상하므로 랩으로 전체를 그대로 감싸 접히지 않게 하면서 건조도 막는다. 잎이 물러진 부분이 있으면 잘라내고 사용한다.

▶ 레시피는 74~77쪽

냉장고의 골칫거리가 식탁의 주인공으로

자투리 채소 레시피

주부의 벗사 엮음
배성인 옮김

초판 1쇄 인쇄 | 2015년 9월 30일
초판 1쇄 발행 | 2015년 10월 5일
발행처 | 안테나 (도서출판 마티)
출판등록 | 2013년 11월 12일
등록번호 | 제2013-000347호

발행인 | 정희경
편집장 | 박정현
편집 | 강소영, 서성진
마케팅 | 최정이
디자인 | 최윤선
요리 | 이치세 에쓰코
사진 | 사와사키 노부타카
일러스트 | Yuzuko

주소 | 서울시 마포구 동교로 12안길 31 2층 (121-839)
전화 | (02) 333-3110
팩스 | (02) 333-3169
이메일 | antennabooks@naver.com
블로그 | http://blog.naver.com/matibook
트위터 | http://twitter.com/antennabook

ISBN 979-11-86000-20-5
값 13,000원